JN086246

保育ナビ
ブック

園の課題解決!

組織を育てる
コーチング

孫ちょんす（株式会社リール）

はじめに

　私が幼稚園や保育園、こども園に直接出向き、コーチングに基づいたコンサルティングを行うようになって9年がたちました。この間に社会は刻々と変化し、価値観も大きく変わりました。私たちは様々な生き方を選択できる時代になり、その分、新たに責任も増えました。それは、一人ひとりが自分の考えをもち、友人や家族、同僚など周りにいる人の力を借りながら、自分の道を自分の力で探し、切り開いていくということです。

　働き方においても、仕事に責任をもちながら、自分の思いや生活、家族を大切にした働き方を選ぶことが認められるようになりました。

　しかしながら、私が園を訪れるなかで強く感じるのは、多くの園ではまだ、この時代の変化についていけていないのでは、ということです。

　働き方だけではありません。保育施設の需要拡大に伴う人材不足や、マネジメントの機能不全などによって、保育の質を上げることに苦しんでいる現状も多く見受けられます。

　私は園を訪れる際、必ず細かな記録をつけるようにしています。これまでに蓄積された記録を整理すると、園で表出する問題には、「人」と「環境」の2つの側面があることに気づきました。

　そこで本書では、この「人」の課題と「環境」による課題を各章のテーマとし、それぞれ、私が訪れた園での事例を参考に挙げながら、コーチングの手法を用いて、解決への道筋を紹介したいと思います。

　本書で紹介するのは限られた園の課題ではありません。「うちの園は大丈夫」と思われた方も、もしかしたら潜在する問題に気づいていないだけかもしれません。ぜひ、ご自身の園に置き換えてお読みいただき、課題が解決した先をイメージしてみてください。職員が自信に満ちた表情で、いきいきと働く園の現場が思い描かれるのではないでしょうか。

　この本が園の課題解決の手引書としてご活用いただければ幸いです。

株式会社リール
孫ちょんす

CONTENTS

Chapter 1 「人」をほぐそう

「環境」をほぐそう

本 書 の 特 長 と 使 い 方

● 本書は、幼稚園や保育園、こども園の職員の声をもとに、多くの園が抱きがちな人間関係や環境的課題を取り上げています。

● 園の課題解決のために、コーチングの手法をベースにした具体的な取り組み方を提案しています。

よく聞かれる保育者の生の声です。現場の声を把握することが、園の課題を認識することにつながります。

目指したい姿

課題を解決するために目指したい具体的な取り組みです。

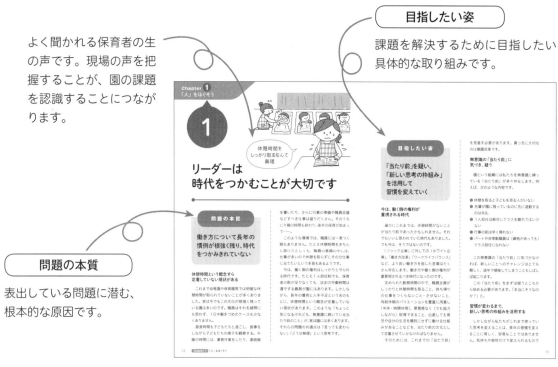

問題の本質

表出している問題に潜む、根本的な原因です。

コーチング

セルフコーチング

コーチングの手法にのっとって具体的な考え方を紹介しています。

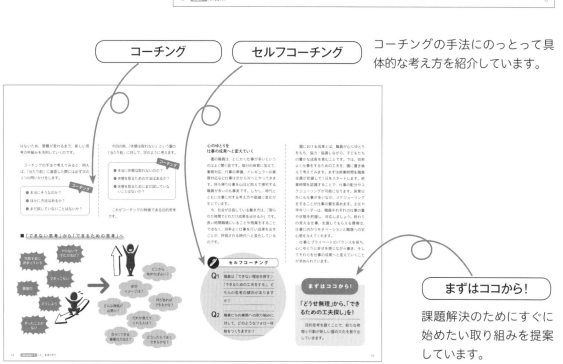

まずはココから!

課題解決のためにすぐに始めたい取り組みを提案しています。

Chapter

「人」をほぐそう

「忙しくて休憩時間なんて取れない」
「上司が言うことには何も言い返せない」
── 保育現場でよく聞かれる声です。
そこには人に絡む課題が潜んでいます。
コーチングの手法で、
思考のあり方を見直すことから始めてみませんか。

マンガで課題発見！ まずは3つのケースを見てみよう ----------

その1 パワフルな園長と萎縮する職員

答えを求めるスピードが速い、コミュニケーションのエネルギーが強い、言っていることは100%
正解な園長。そのパワーに職員はついていけなくて……。

その2 コミュニケーションの少ない園長と職員

園長は気持ちも信念ももち合わせているけれど、職員にそれを伝えることが苦手。職員は園長が何を考えているかわからず、言いたいことも言えなくて……。

9

その3 新人の育て方がわからない先輩保育者たち

新人保育者に、仕事の段取りや手順は伝えても、忙しくて丁寧なかかわりができない主任や先輩保育者。新人は日々孤独を感じて……。

マンガで課題発見！　ナビ

多くの園で共通して見られる場面をマンガにしてみました。
どこに課題があるのか、見つけられたでしょうか。
問題はどこの園でも発生します。
では、問題を解決できる園とできない園には、どのような違いがあるのでしょう。

■ 解決に至らない園の傾向

園の現状を把握しておらず、問題が存在することを認識できていない

問題の存在を認識しているが、解決に向けて行動が起こせていない

解決に向けて動いているが、対策がなかなか結果に結びつかない

■ 問題への対策が解決につながらない理由

問題が起こっている根本的な部分である「問題の本質」が認識できていない

では、マンガの事例では、どこに「問題の本質」があるでしょう。

その1
パワフルな園長のケース
園長は、職員に自分のビジョンや思いを理解してもらうためのコミュニケーションをどうとるべきか、認識できていません。

その2
コミュニケーションが少ないケース
園長が自分の思いを言葉にしておらず、また、職員の思いを知ろうとしていません。

その3
新人の育て方がわからないケース
人材育成とは何か？　どんな姿に成長してほしいのか？　そこに向けてどのような育成計画をもつのか？　これらが考えられていません。

3つのケースに共通するのは、
「人」や「人間関係」が課題である点です。
次のページから、同様の課題を抱えている7つの事例を取り上げます。
問題の本質をとらえ、目指す解決への道筋を見出してください。

1

リーダーは
時代をつかむことが大切です

問題の本質

働き方について長年の慣例が根強く残り、時代をつかみきれていない

**休憩時間という概念すら
定着していない現状がある**

　これまで幼稚園や保育園等では明確な休憩時間が取られていないことが多くありました。実は今でもこの文化が根強く残っている園は多いのです。職員はそれを疑問にも思わず、1日中働きづめのケースも少なくありません。

　昼食時間も子どもたちと過ごし、食事をしながら子どもたちの様子を観察する。午睡の時間には、事務作業をしたり、連絡帳を書いたり、さらに行事の準備や職員会議などすべき仕事は盛りだくさん。そのうちに午睡の時間も終わり、後半の保育が始まって……。

　このような環境では、職員には一息つく暇もありません。たとえ休憩時間をきちんと設けたとしても、職員の意識の中には、仕事が多いので休憩を取らずにその分仕事に当てたいという本音もあるようです。

　今は、働く側の権利はしっかりと守られる時代です。たとえ1人担任制でも、保育者の数が足りなくても、法定の労働時間は遵守する義務が園にはあります。しかしながら、長年の慣例と人手不足という名のもとに、休憩時間という概念が定着していない現状があります。このような「ちょっと気になるけれども、無意識に続いている当たり前のこと」が、実は園には多くあります。それらの問題の共通点は「言っても変わらない」「どうせ無理」という思考です。

目指したい姿

「当たり前」を疑い、「新しい思考の枠組み」を活用して習慣を変えていく

今は、働く側の権利が重視される時代

　確かにこれまでは、休憩時間がないことが当たり前であったかもしれません。それでもいいと思われていた時代もありました。でも今は、そうではないのです。

　「ブラック企業」に対しての「ホワイト企業」、「働き方改革」「ワークライフバランス」など、より良い働き方を指した言葉はたくさん存在します。働き方や働く側の権利が重要視されるべき時代になったのです。

　定められた勤務時間の中で、職員全員がしっかりと休憩時間を取ること、持ち帰りの仕事をつくらないこと・させないこと、有給休暇のバリエーションを豊富に用意し（半休・時間休等）、罪悪感なく（でも協力しながら）取得できること、出産しても育児や自分の生活を犠牲にせずに働ける仕組みがあることなどを、当たり前の文化として定着させていかなければなりません。

　そのためには、これまでの「当たり前」

を見直す必要があります。真っ先に大切なのは意識改革です。

無意識の「当たり前」に気づき、疑う

　園という組織には私たちを無意識に縛っている「当たり前」が多々存在します。例えば、次のような内容です。

● 休憩を取ると子どもを見る人がいない
● 先輩が園に残っているのに先に退勤するのは失礼
● 1人担任は絶対にクラスを離れてはいけない
● 行事の前は早く帰れない
● パートや非常勤職員は（資格があっても）クラス担任になれない

　この無意識の「当たり前」に気づかなければ、新しいことへのチャレンジはとても難しく、途中で頓挫してしまうこともしばしば起こります。

　この「当たり前」をまずは疑うところから始める必要があります。「本当にそうなのか？」と。

習慣が変わるまで、新しい思考の枠組みを活用する

　しかしながら私たちがこれまで使っていた思考を変えることは、長年の習慣を変えることに等しく、容易なことではありません。気持ちや根性だけで変えられるもので

はないため、習慣が変わるまで、新しい思考の枠組みを活用していくのです。

コーチングの手法で考えてみると、例えば、「当たり前」に直面した際には必ず次の3つの問いかけをします。

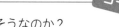

- 本当にそうなのか？
- ほかに方法はあるか？
- まだ試していないことはないか？

今回の例、「休憩は取れない」という園の「当たり前」に対して、次のように考えます。

- 本当に休憩は取れないのか？
- 休憩を取るための方法はあるか？
- 休憩を取るためにまだ試していないことはないか？

これがコーチングの特徴である目的思考です。

■「できない思考」から「できるための思考」へ

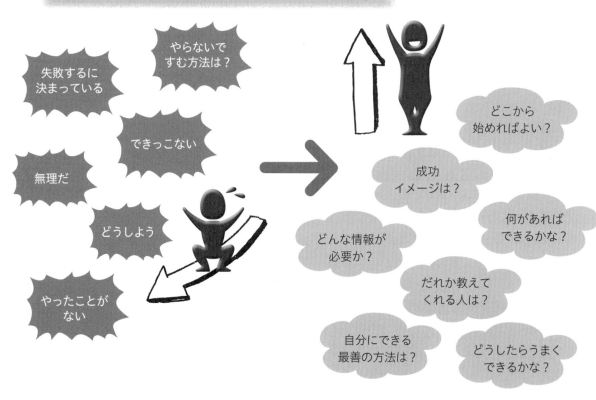

心のゆとりを
仕事の成果へと変えていく

　園の職員は、とにかく仕事が多いというのはよく聞く話です。毎日の保育に加えて、事務対応、行事の準備、イレギュラーの業務対応など仕事は次から次へとやってきます。持ち帰り仕事を山ほど抱えて帰宅する職員が多いのも事実です。しかし、時代とともに仕事に対する考え方や価値に変化が生じています。

　今、社会が目指している働き方は、「限られた時間でどれだけ成果を出せるか」です。長い時間職場にいることや残業をすることではなく、効率よく仕事を行い成果を出すことが、評価される時代へと変化しているのです。

　園における成果とは、職員が心にゆとりをもち、協力・協調しながら、子どもたちの豊かな成長を育むことです。では、効率よく仕事をするための工夫を、園に置き換えて考えてみます。まずは終業時間を職員全員が把握して1日をスタートします。終業時間を認識することで、仕事の配分やスケジューリングが可能になります。保育以外にも仕事が多いなか、スケジューリングをすることが仕事の質を高めます。主任や学年リーダーは、職員それぞれの仕事の量や状態を把握し、対応しましょう。終わりの見える仕事、支援してもらえる環境は、仕事に向かうモチベーションと職場への安心感を与えてくれます。

　仕事とプライベートのバランスを保ち、心にゆとりと幸せを感じながら働き、そしてそれらを仕事の成果へと変えていくことが求められています。

セルフコーチング

Q1 職員は「できない理由を探す」・「できるための工夫をする」、どちらの思考の傾向がありますか？

Q2 職員たちの業務への取り組みに対して、どのようなフォロー体制をつくりますか？

まずはココから！

「どうせ無理」から、「できるための工夫探し」を！

　目的思考を磨くことで、新たな発想と行動が新しい園の文化を創り出していきます。

別の方法で
やりたいんだけど…♪

ハイ…

園長の考えは絶対だから
何も言えない……

アドバイス
あーして
こーして

園長と職員の対話が
より良い園づくりにつながります

問題の本質

職員との信頼関係が築けていないことに園長が気づいていない

リーダーシップがただの
トップダウンになることがある

　園長は365日園のことをずっと考えています。在園児や保護者のこと、少子化時代に向けての対策、職員のマネジメントについて、働く環境や待遇のことなど、あらゆ

る方向から考えています。

　ところがビジョンを描き、あらゆるチャレンジをしているにもかかわらず、気がつけば職員たちにはそっぽを向かれている、そのような状態は決して少なくありません。一生懸命に仕事をしているのに伝わっていないのです。それはなぜなのでしょうか。

　多くの園長たちは強いリーダーシップを発揮しながら物事を前に進めていきますが、その言動が職員たちには時に「横暴」に捉えられてしまうこともあるようです。彼らから聞こえてくるのは、「トップダウン過ぎる」「園長の価値観でぐいぐい進められる」「職員の話を聞かない」「職員を労わない」「ダメ出しが多い」というような言葉……。園長が聞いたら落ち込んでしまいそうです。

目指したい姿

園長は職員一人ひとりを大切に、対話を通して信頼関係を築く

発信と受信のバランスをとる

　組織のトップは常に未来を見据えて戦略を考え、「今」を過ごしています。園を存続させていくことはトップである園長の使命ですから当然のことと言えます。

　ですが、ビジョンを実現するには、園長

だけではなく現場で働く職員一人ひとりの力が必要不可欠です。園長が職員から信頼されなければ、たとえどんなに良い未来図を示しても、職員は協力してくれないどころか、園長の足を引っ張る存在になるかもしれません。職員一人ひとりを大切にするということが、より良い園をつくることにつながっていくことに気づく必要があります。

　一方で、職員に寄り添い続け、職員の気持ちに耳を傾けるだけでは園のビジョンは実現しません。チームの雰囲気は良くなりますが、仕事の成果にコミットする力が弱くなる可能性も否めません。

　園がどこに向かおうとしているのか、これから実現したいことは何か、方向や課題が見えないと職員たちは不安を感じ、不信感につながる可能性もあります。

■ 図1　職員に関心をもつ

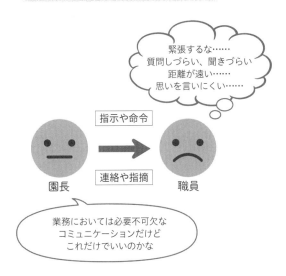

緊張するな……
質問しづらい、聞きづらい
距離が遠い……
思いを言いにくい……

指示や命令

連絡や指摘

園長　職員

業務においては必要不可欠な
コミュニケーションだけど
これだけでいいのかな

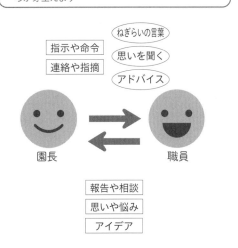

必要な情報を伝えるだけではなく職員に寄り添い、それを言葉にして伝えることで心と心が近づきます。信頼関係が構築されると相手にも話したい気持ちが芽生えます

ねぎらいの言葉

指示や命令

思いを聞く

連絡や指摘

アドバイス

園長　職員

報告や相談

思いや悩み

アイデア

園長は、ビジョンを発信する力、職員の思いや悩みを受信する力、双方のバランスをとることが必要なのです。

信頼関係の構築には
対話が必要

　「パワフルな園長と萎縮する職員」（8ページ）のケースで言うと、園長はメッセージは発信するけれど、職員の気持ちや意見を丁寧に聞く機会を職員に与えていません。

園長は心のどこかで、「聞いても仕方ない」または「聞く必要がない」と思っている可能性があります。

　「自分の意見を聞いてもらえない」または「意見を受け入れてもらえない」という思いは、私たちを時に落ち込ませたり、自分が必要ない存在ではないかと思わせるリスクがあります。職員の気持ちや思いが、園長の立場から見ると非現実的な意見であると感じても、現場にいるのは職員です。職員

園長	「来年度から、仕事の方法を見直します（変更点を伝える）。皆さん、どうかな？　皆さんの率直な意見を聞かせてください」
職員	「園長、ちょっと難しいかと……」
園長	「例えばどんなところでそう思うのかな？」
職員	「時間帯によっては人が足りないですし、現状でいっぱいいっぱいです」
園長	「そうか。確かに今は厳しい状況ですよね。それでも皆さんよく頑張ってくれていますね。今回の変更点は、今を変えていくためにはどうしても必要なことですので、今の方法にこだわらずに、新しい方法も考えてほしいのです。一度、どうしたらこれが実現できるか先生たちで考えてみてくれませんか？　1週間後にもう一度会議で話しましょう。それまでにお願いできますか？」
職員	「わかりました。できる限り前向きに考えてみます」
園長	「迷ったり困ったりすることがあったらいつでも相談してください。私ももう一度考えてみます」

の言葉に耳を傾けることは現場を知ることになります。

職員には、一方的な情報伝達ではなく、話を聞く、最後まで話をさせる、言葉を被せない、否定しないというように、「対話」をする必要があるのです。

職員に関心をもち
職員のために「5分」をつくる

対話のベースになるのは、職員のことをどれだけ知っているかです。「なぜ幼稚園教諭や保育士、保育教諭になったのか？」「将来の夢やキャリアプランは？」「やる気が上がる時や下がる時はどんな時？」「得意なこと、苦手なこと、今抱えている悩みは？」等、相手についてどれくらいの情報をもっていますか？

相手を知るということは、関係性を築く

ことにつながっていきます。関心をもって、職員を観察してみてください。そして、観察するためには、職員とコミューニケーションをとることが求められます。5分だけでも良いのです。

気をつけたいことは、指示や命令のような一方向ではなく、双方向のコミュニケーションです（17ページ図1）。パソコンを見ながら、作業をしながらではなく、手を止めて、互いに顔を合わせての会話です。

双方向のコミュニケーションにより、相手の思いを確認することができます。保育者としての目標や、今取り組んでいること、抱えている悩みや、新しいアイデア等、様々な情報を引き出すことができるでしょう。また、表情からも多くのことを知ることができます。相手を知ることで、相手にかける言葉やかかわり方など、行動の選択肢を増やすことができるのです。

セルフコーチング

Q1 職員との関係性を築くために、相手の何を知る必要がありますか？

Q2 今日は、いつ職員のための時間をつくりますか？

まずはココから！

一方的な情報伝達ではなく、目の前の職員たちとの「対話」が必要です

園長が思っている「対話」が、必ずしも相手にとっても「対話」であるとは限りません。

3

来年度の主任
お願いね！

主任って
何をしたら
いいんだろう

え

管理職には
マネジメント能力が必要です

問題の本質

園内のマネジメントが機能せず、管理職と若い職員の間に溝がある

育成が体系化していないと、保育の質が低下する

組織を機能させるためには、園内のマネジメントが内製化されている状態をつくる必要があります。つまり、外部のコンサルタントや研修に頼りすぎず、職員たちの力で、円滑に園の運営が行われている状態を目指すということです。しかしながら、主任や副主任たちにマネジメントの観点がなかなか根付かないことで、園の組織が機能していないことが多々見受けられます。

具体的には、職員の育成が体系化していないため、場当たり的な指導や、人によって異なる指導が行われているのです。

なかには、入職してくる職員たちを「当たり年・外れ年」とまで言うような最悪なケースも見受けられます。その結果、職員が育たずに辞めてしまうこともあります。組織が機能していないと、保護者のクレームや事故につながることもあります。

「職員に日々、気になることをたくさん伝えているのに、なかなか伝わらない」「今の若い職員のことはよくわからない……」。これは、マネジメント層からよく聞かれる口癖です。

目指したい姿

管理職は自分の役割を語れるようにし、職員は保育を考える

リーダーに管理職として何をしているかのヒアリングから始める

　園の組織が機能するためには、マネジメント層の職員、つまり副園長や主任、副主任（以下、リーダー。この節では園長を除くこれらの役職の人をリーダーとします）

が、マネジャーとしての仕事をきちんと果たすことが求められます。

　園長はまずはリーダーに、管理職として日々どのような仕事をしているか、ヒアリングをしてみましょう。おそらく、「人手が足りない時にクラスに入る」「シフトを作成する」「保護者対応をする」「事務作業をする」といった事柄が挙がってくるでしょう。でも、それは管理職としての仕事なのかを問うと、答えに窮するのではないでしょうか。

　自分はリーダーだけれども、リーダーとして何をしたらよいのかわからない、マネジメントとは何をすることなのかわからないというのが本音のように思います。多くの研修に参加しているけれども、具体的に何をしたらいいか、どう動けばよいのかわ

■ 自分で考え、自分の言葉で伝える

主任は何をする人？

求められる成果は？

園がどのような状態になると良い？

今の園の現状は？

園長が期待していることは？

教えてもらえなくても言われなくても自分で考える

具体的な行動は？

自分自身に問う⇔考える

からないリーダーは多いのです。

　多くの研修では、リーダーとは「園長と職員のパイプ役」「園長の言葉をかみ砕いて伝える人」「園全体を見る人」などと教わります。どれも響きの良い言葉ですが、これらを自分の言葉に置き換えて、自分の言葉で話すことができなければ、具体的な行動を起こすことは難しいかもしれません。

リーダーに求められる仕事と成果は園によって異なる

　組織によって、リーダーに求められる仕事と成果は異なります。3つの園について紹介します。

　A園の主任は、人事・予算・園の年間計画以外のすべてにおいて、園長から権限を委ねられています。保護者対応・保育・人材育成等、あらゆる仕事が主任を中心に遂行されます。もちろん、すべての情報は園長に報告され、主任が迷った時には園長が決断します。

　B園では、園長の指示のもとに主任が動きます。ただし、人材育成については主任主導で行われています。職員の成長目標や課題、保育スキルの向上等、1年間の職員の成長は主任次第です。新年度のクラス配

コーチング

＜自分の言葉に置き換えるための問い＞

園長と職員のパイプ役 とは

園長は、どのような思いをもっていますか？	園長の思いの中で、職員に何を伝える必要がありますか？	園長の思いと職員の行動には、どのようなギャップが起きていますか？

園全体を見る・把握する とは

園の組織力が高いとは、具体的にどのような状態ですか？	園の全体とは、具体的にはなんでしょうか？	職員間で起きている問題はありますか？　あるとしたらどのような問題ですか？	職員・子ども・保護者の状態を知るために、あなたはどのような行動をとりますか？

属等は、職員のこれまでの成長を主任と園長が考察しながら考えていきます。

C園を一言で表現すると「自由」です。1年間を通して、主任が試してみたいことやすべきことは自分で考えて実行します。取り組む前と後には必ず園長に報告を挙げ、振り返りも行っています。

園の考え方が異なれば、主任に求められる仕事も成果も異なって当然です。どれが良い・悪いではありません。

一般論も大切ですが、まずは、自分が何をする人なのか、上司は何を自分に期待しているのか、成果として何が実現できればよいのか、そのために何をするのかを、自分の言葉に置き換え（言語化し）、明文化することからマネジメントは始まります。マネジメントすることで、高い組織力を構築していきましょう。

高い組織力の園は、職員それぞれが保育を考え、言葉で伝えられる

一般的に言う「組織力が高い」とは、例えば企業において、収益などの成果を上げ、右肩上がりの成長を続けていることです。組織の目指す理念（方向）を全社員が理解・共有し、共に進み続けていること。組織内の風通しを良くすることでコミュニケーションが活性化され、新しい発想が生まれること。不正や不満等のマイナス要因が見つけやすいこと。これらが昨今、組織力アップのために求められていることです。

それでは、園において組織力が高い状態、つまり、「園の保育力が高い状態」とはどのようなものでしょうか？

それは、職員が自分で保育を考え、自分の言葉で保育を伝えられるということです。

これまでのやり方に固執するのではなく、未来に向けて新しい選択肢を自分の力で広げていくことが変化に対応する鍵です。

そのためには、理念について問い続けること。自分で考えたことを自分の言葉で伝えること。これができてはじめて「浸透した」と言えます。

これらを職員全員が体現するために、リーダーたちがリーダーとしての仕事を機能させる必要があるのです。

まずはココから！

目指している状態、そこに向けての役割、仕事と成果を言語化する

漠然としたイメージで捉えずに、上司と対話するなかから明確にしていきます。言語化ができてはじめて自分のものになり、行動につながります。

先輩たちみんな優しくて居心地の良い職場です

4

経験に即した目標が職員の成長につながります

問題の本質

中堅職員が役割を果たしておらず、主任以下はみんな同列

**職員の仲が良いことは
マイナスの影響になることもある**

「今のところ現主任によって園は円滑に動いているが、次の主任候補が思いつかない」という声をよく聞きます。

みんな一生懸命に仕事に励んでいるのですが、1年目の職員も6年目の職員もその技量にあまり差がないと言うのです。

実際、私が園を訪れた時に、園長・主任の存在感はあるものの、主任以下の職員に階層別の能力や影響力を感じないことがよくあります。園長・主任の2トップで園がまわり、それ以外の職員は受け身の姿勢に感じられるのです。

また、仲が良すぎて、職員同士が友だちのような関係になってしまい、言わなくてはいけないことを言いにくい状況になっていることもあります。例えば、言葉遣いや働く姿勢など、先輩は後輩の手本になったり、時には後輩の行動を指摘して修正していくのが理想です。ところが、仲良しのあまり指摘しづらいというのです。

こうした状態が続くと、仕事が馴れ合いになり、個人の保育の質を上げることが難しくなってしまいます。改善されるべき言動に対して、だれからも指摘されない状態は、園にとってもマイナスです。

目指したい姿

成長段階の具体的な姿と個々の現在位置を明示し、意欲を引き出す

個々が学び合い成長していくことが必要

　組織の強みは、様々な世代で構成されていることです。組織が1年目の職員ばかりでは1年目の視点しかもてませんが、ベテラン職員がいると、それぞれの豊富な経験

や知識や感性が文化や伝統として定着しています。若手は先輩から学び、先輩も若手からこれまで気づかなかった「今」を学ぶことができるのです。

　互いが学び合う環境の中で、個々が成長していくことが組織には必要です。そのためには、年次ごとの「成長目標」があるとよいでしょう。

　例えば1年目で学んでほしいことや期待される姿、2年目で学んでほしいことや期待される姿は違います。年次が上がれば、当然、成長目標も進化していくものです。

　しかし、自分が何を学ぶべきか、何を期待されているのか、1人で考えて答えを出すには限界があります。成長のヒントを得るためには、周りから教えてもらう、手本

■ 一般的な成長の段階

1年目
自分のための年
・仕事を覚える
・人間関係を構築
・社会人として人間形成

2年目
他者に気づく年
・後輩の面倒を見る
・仕事の幅が広がる

3年目
自由な年
・仕事が楽しい
・自分1人で
　できることが増える
・仕事に深みが出てくる

4年目～
責任感が問われる年
・育成する側になる
・園の問題を解決する
　側になる
・他者の成長に貢献

にしたい人を見習う、自分への期待値を上司から伝えてもらうなど、周りの力が必要になります。

園内において、1年目の姿、2年目の姿など、目標になる姿を言語・明文化し、本人と話す機会が必要です。

だれもが成長への意欲をもっている

私たちは、人生の中で何度も「こうしたい」「こうなりたい」と思う瞬間があります。例えば、この学校に入りたい、こういう仕事がしたい、こんな人になりたいなどと自分

への期待や意欲が高まることで、私たちはその実現に向けて行動を起こします。受験勉強や就職活動に励んだり、洋服や髪型を整えたり、あるいは内面を磨くために新しい知識や情報を多く得ようとしたりします。つまり「努力」をするのです。

アブラハム・マズローは「5段階欲求階層説」の中で「自己実現の欲求」の存在を提唱しています。階層説の見解には諸説ありますが、その1つを紹介しましょう。

5段階の階層は下から「生理的欲求」「安全欲求」「社会的欲求」「自我の欲求」「自己実現の欲求」です（下図参照）。4段階ま

■ マズローの5段階欲求階層

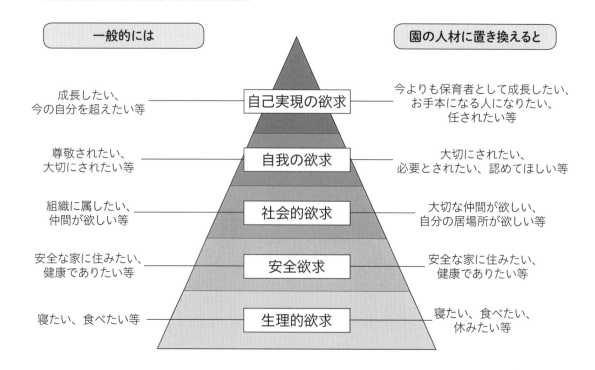

一般的には		園の人材に置き換えると
成長したい、今の自分を超えたい等	**自己実現の欲求**	今よりも保育者として成長したい、お手本になる人になりたい、任されたい等
尊敬されたい、大切にされたい等	**自我の欲求**	大切にされたい、必要とされたい、認めてほしい等
組織に属したい、仲間が欲しい等	**社会的欲求**	大切な仲間が欲しい、自分の居場所が欲しい等
安全な家に住みたい、健康でありたい等	**安全欲求**	安全な家に住みたい、健康でありたい等
寝たい、食べたい等	**生理的欲求**	寝たい、食べたい、休みたい等

での欲求が満たされると人には、「自分の能力を最大限に活かして創造的な活動をしたい」と自発的にやる気が生まれます。この見解によれば、どんな人でも、やる気の火種をもっているということです。これを保育者に当てはめてみると、保育者になったことで多くの人は4段階までは満たされていると考えられます。次の段階として、「自己実現の欲求」が生まれます。この自己実現を図るためには、自分の未来を描いていくことが必要です。

コーチング

- どんな保育者になりたいのか？
- 保育者としてチャレンジしたいことは何か？
- 次の夢は何か？

　未来を描き、目標を立て、自己実現を図る作業を通して、モチベーションは上がっていきます。モチベーションの向上は、必ず園に反映されていくはずです。

成長目標を具体的にする

　モチベーションを高め、成長を手助けしてくれる目標は、言語化することが効果的です。目標を設定する際には、「自分視点」と「他者視点」の2つから考えていきます。他者視点だけでは当事者意識に欠け、自分視点だけでは期待値からずれてしまうことがあるからです。

　そこで、職員自身の目標や課題を記入し、さらに園長や主任の視点で記入できるようなシートの活用をお勧めします。(74〜79ページ参照)

　目標が明確になったら、具体的な成長につなげるために、園長や主任が職員それぞれの成長目標に到達時期を設定してください。半年後はここまで、1年後はここまで到達したら成功というように設定します。成長への階段を具体的に示すことで、職員がどのように努力をしたらよいかが明確になります。園長や主任は、職員が目標に向かって階段を上がっていく道筋が見え、どの段階にいるかわかることで、期待できる姿も見えてくるでしょう。

まずはココから！

年次ごとに期待する成長の姿を描いてみる

　人は皆、やる気の火種をもっています。しかし、そのやる気にスイッチを入れる仕組みや、どこに向けて頑張るのか着地点を見せることが必要です。

5

良いチームワークは十分なコミュニケーションから

言葉の不足は誤解を招き、人間関係の亀裂へとつながる

一方的な言葉の発信は対話ではない

チームワークは仕組みだけでつくられていくわけではありません。どんなに良い仕組みであっても、コミュニケーションが少なければ良い人間関係を築くことはできません。

コミュニケーションに必要なのは、対話です。一方的な言葉の発信は対話ではありません。言葉が足りないために、園長の言葉の真意が職員に伝わらず、異なった意味で捉えられることも少なくありません。

園長や主任の「これくらい言わなくてもわかるだろう」という過信が、相手との関係性を壊してしまうことがあるのです。発信した言葉を職員たちがどのように受け止めるのか、感じるのかを考える必要があります。

互いにわかり合えない状態が長く続くと、私たちの気持ちは「相手と自分は合わない」から「もう話したくない」へと変化していきます。一度信頼関係が壊れると、否定のスタンスで相手を見ることになり、相手が正しいことを言ったとしても、もはや聞く耳がもてなくなってしまいます。

目指したい姿

「当たり前」のフィルターを外して建設的な対話を重ねる

「当たり前」への固執は、コミュニケーションの障害になる

　良いコミュニケーションをとるための前提として、「これくらい言わなくてもわかるだろう」とか「普通は」「一般的には」など、私たちが無意識のうちにもっているフィルターを外すことが大切です。12～15ページでも、「『当たり前』を疑う」ことをお伝えしましたが、自分の中の「当たり前」への固執は、建設的なコミュニケーションの障害になります。

　「なぜわかってくれないの？」「なぜ伝わらないの？」── このループに入ってしまうと、もはや本来のコミュニケーションの目的からずれてしまい、互いの主張のぶつけ合いになる可能性がとても高くなります。「主張のぶつけ合い」に目的が変わると、当然互いの気持ちも良いものではなくなります。この会話を早く終わらせたいという気持ちになったり、相手に対して負の感情が出てくることもあります。

　仕事におけるコミュニケーションの目的

体制を見直すきっかけになった事例

 職員室の雰囲気がピーンと張りつめていることから、職員間のコミュニケーションを活発にするために、職員室をフリーアドレス（自由席）にしました。しかし、職員たちからは「席を決めてほしい」という声が挙がっています。

 いつでも職員の声を聞けるようにと、園長と主任はなるべく職員室にいるようにしました。しかし、職員には、2人が話している姿が「ひそひそ話をしているよう」「監視されているよう」と感じられ、かえって職員室に入りにくくなったと不評です。

どちらの園も現場の声が上に届き、どうするのがよいか、みんなで改めて考えることになりました。

は互いの主張をぶつけ合うことではなく、話すべき事柄に向けて対話を重ねることです。

そのためには、自分の「当たり前」を疑い、相手に伝わる言葉を選びます。相手に伝わったかどうかを確認しながら、発信⇔受信を行います。目的に向けての議論は望ましいですが、主張をぶつけ合う議論は、私たちを疲弊させるだけではなく、コミュニケーションに対する恐怖心を抱かせてしまうことにつながります。

園長の思いが職員に届いているか考えてみる

園長や主任が対話だと思っていたことが、職員たちにとっても同じように対話であったかどうか、また職員たちが園長や主任に話したかったことと、園長や主任が話したかったことにギャップがなかったかどうか、考えてみる必要があります。

■ 仕事に必要な「コミュニケーション」

職員のことを知る

自分のことを知ってもらう

評価されないだろうか
叱られないだろうか
対人関係に影響しないだろうか
どうせわかってもらえないだろう

職員　園長

職員としっかり
対話するためには

穏やかな表情
相手を尊重

相手が緊張しない場所
目線を相手に合わせる
急かさない

信頼関係が築けていないと、
不安を抱えたまま
話すことになります

感情的にならない
否定・反論・論破しない
相手の話を遮らずに聞く

ある園の園長は、職員全体で話し合い、園の方針や仕組みをみんなでつくり上げていくつもりでした。しかし、職員は、園長が方針や仕組みなどをつくり、職員はその具体的な方法を考えるのだと思っていました。この時点でずれが生じています。職員は、園長に自分たちの思いを伝えたが、園長は聞こうとはしてくれなかったと言います。園長は、そんなつもりはなかったと言います。一方的なコミュニケーションが招いたずれです。こうした残念な事態に陥らないためにも、相手の理解を確認しながらの対話が大切です。

コミュニケーションの状態を職員全員で確認してみる

　職員間の関係性が良い園かどうか、次の項目を職員それぞれがチェックしてみましょう。

● わからないことや、迷った時に先輩や上司に相談しやすい
● 疑問に思ったことは迷わずに声を挙げられる雰囲気がある
● 悩みを先輩や主任に相談しやすい、相談するといつもプラスな気持ちになる
● 提案しやすい雰囲気があり、提案してもしっかりと受け止めて考えてくれる
● 仕事のミスを先輩や上司に報告しやすい、報告したくなる
● 職員同士で仕事の話をすると刺激を受け合える

● 職員同士の会話は楽しくもあり切磋琢磨し合えるものでもある
● 職員同士、陰口や悪口は一切ない
● 職員室は居心地が良い

　職員間の回答が一致すれば、関係性、コミュニケーションの状態が良い園だと言えます。一方、回答があまり一致せず、特に在園歴が長い職員と、在園歴が浅い職員の回答に大きなずれがある場合は、園内のコミュニケーションを冷静かつ客観的に見直す必要があります。

まずはココから!

どのようにすれば伝わるか、その方法を探すことが重要

　コミュニケーションは相手あってこそです。自分の主張が相手に伝わることから対話が始まります。自分が主張したいことをどのように納得させるかではなく、どのようにすれば伝わるか考えることが大切です。

目的をもった対話が
仕事力、考える力を育みます

問題の本質

職員とのコミュニケーションに育成の目的が含まれていない

日々のコミュニケーションが否定や小言になっている

　職員育成の中心となる主任のコミュニケーションについて考えてみます。多くの主任に共通するのが、コミュニケーションに育成の目的がないということです。職員を育てることを意図したコミュニケーションが行われていないのです。

　日々コミュニケーションはとっているも

のの、その多くは、仕事上できていないことへの指摘だったり、主任自身の気持ちや感情をぶつけるだけのものだったりします。職員にとっては「いつも否定される」「すぐに小言を言われる」「認めてもらえない」など、つらいことばかりの時もあります。しかし主任としてはそんなつもりはなく、目についたことや言わなければいけないことを言っているだけ。つまり指導をしているつもりなのです。

　ある主任研修で、「日々、どんな目的で職員と話していますか？」と質問してみたところ、会場にいた8割の主任は黙ってしまいました。そんなことは考えたこともない、それが沈黙の理由でした。しかし、なんの意図もないコミュニケーションは、職員にとっては、場当たり的に感じられてしまいます。

目指したい姿

何の目的で話をするかを明確にし、愛情をもって対話をする

目的思考で考え、そのための方法論を考え実行する

物事には必ず目的があります。コミュニケーションも同じです。園においてはその目的に育成という視点をもつべきです。指導しているつもりでも、職員の行動を指摘するため、自分の愚痴や感情をぶつけるため、相手にミスを認めさせるため等のコミュニケーションになってしまわないよう気をつけましょう。

コーチングの最大の特徴は「目的思考で考えること」です。コミュニケーションがうまくいくには、まずその目的を自分の中で明確にすることです。そのうえで方法論を考え、実行します。職員を育成するためのコミュニケーションであれば、その方法論として思いつくのは職員のやる気を引き出す対話、職員の悩みを聞く対話、職員の強みを引き出す対話、職員を励ます対話、職員にチャレンジさせる対話などでしょうか。ここで対話という表現を使っているのは、一方的に伝えるのではなく、双方で言

■園における様々なコミュニケーションのヒント

目的	信頼関係構築	モチベーションアップ	考える力を磨く	自信をもたせる	成長を飛躍させる
	・笑顔で挨拶 ・業務報告以外の会話を増やす ・気持ちのムラをなくす ・陰口・悪口禁止	・当たり前のことでもできたら認めて声をかける ・小さな変化や成長も惜しみなく認めてほめる ・「ありがとう」「頑張ってるね」などプラスの言葉をたくさん伝える	・指示・命令の量を減らす ・答えの代わりに問いかける ・あなたはどう思うのかを問い、職員が自分の意見を話す習慣をつくる ・職員から出た意見は否定せず、いったん受け取る	・事柄を指導する。人格や人柄を否定しない ・自分の意見を言わせる。受け止めてチャレンジする機会をつくる ・1つのことを自分の力でやり遂げる体験をさせる。できたらほめる	・あなたならできると背中を押し、支援する ・相手に合わせた新しいチャレンジを用意する ・期待する成長目標を言葉にして伝え、それについて対話する

ここに書かれていることは正解ではなくヒントです。
大切なのは、意図をもった会話を自分自身が試し、自分なりの効果的な方法を探すことです。

葉をやりとりしてほしいからです。愛情を
もってかかわることが大切です。

　なお、うまくいかないコミュニケーショ
ンには、うまくいかない理由があります。
まずは、自分のコミュニケーションにどの
ような傾向があるのかを認識することから
始めてみましょう。自分のコミュニケーショ
ンの癖は自分自身ではなかなか気づきにく
いので、信頼のおける仲間に率直に聞いて
みるのも1つの方法です。

愛情をもってかかわれば
必ず伝わる

　対話が成立するためには、信頼関係が築
けている必要があります。大切なのは、職
員と仲が良いことでもリーダーとしての威
厳でもありません。では、どのようなリー
ダーになら本音を打ち明けられるのでしょ
う。ある園の職員の声を紹介します。

● いつも機嫌良く、よく話しかけてくれる
● 自分を信じてくれている
● 失敗しても叱らずに、一緒に解決に向け
　て考えてくれる
● 約束を守ってくれる
● 「最終的には責任をとるから、心配せず
　にやってみて」と、任せてくれる
● 厳しいけれど、必ず相談したくなる
● 話すことでいつも未来が見えてきて、モ
　チベーションが上がる
● 園のために、園長や主任のために頑張り
　たいと思わせてくれる

　一方、職員からの信頼を得るために園長・
主任自身がリーダーとして意識したことと
して、次のようなことが挙がりました。

● 話す時間をたくさんもった
● 失敗したことの振り返りを一緒に行った
● 保育者としての期待を定期的に伝えた

　また、ある園では、新人が入職直後から、
仕事への意識や態度について主任から厳し
い指導を受けました。はじめの半月は反発
し、全く話を聞きませんでした。ところが、
3か月経った頃、新人の態度に変化が出て
きたのです。気持ちの変化の理由を聞くと、
「主任の言っていることは必ず自分のプラス
になるとわかったんです。だから主任の言
葉をいったん受け止め、自分なりに考える
ようにしました」と話してくれました。
　愛情は必ず伝わることがわかります。

まずはココから！

コミュニケーションの目
的を明確にして話す

　まずは、普段の自分自身のコミュ
ニケーションの傾向を知ることから
始めてみるとよいでしょう。

あなたはどっち？　対話の違い

対話のあり方の違いで、職員の成長が大きく異なる例です。

『与えすぎるコミュニケーション』

主任　「卒園式の準備についての連絡です。〇〇先生はこれとこれを
　　　準備してください。△△先生は、これとこれ。□□先生はこ
　　　れとこれ」（すべての仕事について指示を細かく渡している）

職員　「はい、わかりました」

主任　「お願いした仕事について報告してください」

職員　「あ、すみません、まだ途中です」

主任　「どうしてお願いしたのにやれていないの？　じゃあ、これを
　　　こうしてああして」（また細かく指示を出す）

『考えさせるコミュニケーション』

主任　「卒園式の準備を始めましょう。先生方で話し合い、まずどのよ
　　　うな準備が必要かを考えて３日後までに報告してください」

職員　「みんなで考えて、このような仕事が挙がりました」

主任　「よく考えましたね（不足分を指摘・指示）。では、一つひとつ
　　　の仕事を割り振って、いつまでにどこまで進める必要があるの
　　　か、３日後までにまた報告してください。困ったらいつでも相
　　　談に来てね」

職員　「それぞれ役割を考えてみました。期日も設定しているので、確
　　　認お願いします」

主任　「よくここまで進めましたね。素晴らしいです。ではそれぞれ動
　　　いていきましょう。困ったらすぐに相談に来てね」

> 　卒園式の準備という同じ事柄に対しても、主任が何を意図して
> どのようなコミュニケーションをとるのかによって、職員の考える
> 力、仕事力は大きく変わっていきます。

言われたことは
やりました

仕事の意義を伝え、
考えて動く力を育てましょう

問題の本質

新人に、仕事の方法は教えても仕事の意義を教えていない

想像力が働かず、言われたことしかしない、できない

　新入職員について、次のような声が多く聞かれます。

● 言われたことしかしない、気づかない
● 一つひとつ指示を出さないと動けない

　その結果、書類の提出期限が遅れる、言われるまで提出しない、職場内で職員同士が友だち言葉で話す、乳児の午睡中に一緒に寝てしまうなど、「疲れているのね」「まだ慣れていないのね」では済まされない状況が生まれています。書類は提出期限を守る、午睡中も勤務時間であるなど、一つひとつ指導すれば改善されるものの、また新たな問題が次から次へと発生してしまうのです。

　原因として考えられるのは、仕事の方法は教わって知っていても、その仕事にどのような意味があるのか、なぜその仕事をするのかなど、仕事の意味や意義までは考えていないということです。そのため想像力が働かず、言われたことしかしない、指示がないと動けない、ということになってしまうのでしょう。

目指したい姿

一人ひとりが考えて保育する。そのために自身の保育をしっかり振り返る時間をもつ

仕事の方法を知ることは通過点

園においては、結果だけで評価してしまうことが少なくありません。

新人育成において大切なのは、過程です。その仕事にどのように取り組む（取り組んだ）のか、どんな視点をもって仕事に臨むことが必要なのか（臨んだのか）、仕事に対してしっかりと振り返る時間をもつことをお勧めします。

そのためにも必要なのは、まずは新人が育った姿を思い描くことです。そこに向けて、この1年間ではどんな姿に成長してほしいのかを2つの視点で描きます。

● 社会人としてもってほしい意識や知識と行動等の社会性
● 専門職として育ってほしい意識や知識と行動等の専門性

重要なのは、感覚ではなく、しっかりと言語化、明文化することです。言語は、認識を共有するための共通アイテムなのです。

コーチング

仕事力を上げるために。コーチング的言葉かけの例

「今日の1日の仕事はどうでしたか？　うまくいったこととうまくいかなかったことを1つずつ教えて」

「うまくいった理由はなんだと思いますか？　うまくいかなかった理由はどこにあると思いますか？」

「明日に向けて、今できる準備はなんですか？」

「今日を踏まえて、明日変えることはなんですか？」

「子どもたちの様子について教えてください」

「子どもたちが夢中になる時と、子どもたちが退屈するのはどんな時？」

「今月の目標は何？　今月、クラスでチャレンジしたいことは？」

37

そして職員本人と話し合います。できる仕事を増やすだけではなく、人としての成長の部分についても伝えていきましょう。本人の認識と期待する姿には当然ギャップがありますので、本人の気持ちも聞き、どこで折り合いをつけていくのかじっくりと対話を行うことが必要です。

職員一人ひとりが保育を考え行動する

職員一人ひとりが意図をもって保育や行事を行なっているかどうかで、取り組み方が変わってきます。例えば行事などの練習では、次のような視点で自分に問いかけ、取り組みます。

自分への問い
● この行事（活動）を通して子どもたちに期待することは？
「どんな感動をしてほしいか」
「どんな経験をしてほしいか」

● 行事を通して、保護者に何を伝えたいか？
「子どものどんなところを見てほしいか」

職員一人ひとりが「考える」ことが必要なのです。

育成の方向性や手法は「ある程度」共通化する

育成のノウハウが定着していれば、年度が変わっても、新人育成に困ることはありません。実際に育成する際は、人それぞれの個性を活かすようにしますが、育成における考え方やベースになる指導方法等は、ある程度、共通化しておくことが大切です。そうすることで、だれが育成担当になっても新人は育ちます。

企業とは異なり、マンツーマンのOJTやメンター制度などが確立されている園は多くありません。しかし、育成の意図をもって新人とかかわり、成長を支援していくことは絶対に必要です。

※ OJT（On the Job Training）：実務を経験しながら仕事を身につける教育手法のこと

まずはココから！

仕事を通して、保育観と考える力を磨く

自分で考える力は、職員を成長させる最良のツールです。若手には「教える」7に対して、「考えさせる」3の割合で接していくと効果的です。

やってみましょう！　目標設定シート

具体的な成長目標をもつためには、「自分視点」と「他者視点」から考えていきます。
その際、以下の「目標設定シート」を使い、書いてみることを勧めています。

<目標設定シート❶> 74ページ

1 職員本人が「私が思っている私の役割」「具体的に行うこと」を記入する

 本人の記入欄を踏まえ、園長や主任など上司、後輩や周りの人が思いや期待を記入する

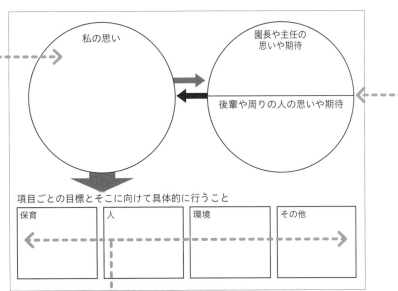

3 シートをもとに対話の時間をもち、園長・主任とすり合わせを行う
4 対話を踏まえ、改めて目標を設定する

<目標設定シート❷> 75ページ

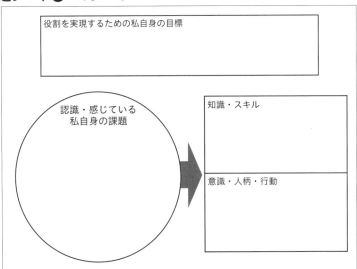

シート❶をもとに園長・主任と対話し、シート❷に改めて職員本人が自分の目標を記入する

課題解決には
目的思考を
もつことが大事です

「環境」をほぐそう

「うちの園、最近うまく回っていないような……」
その原因がどこにあるのか、考えたことはありますか。
職員間で、問い、考えていく積み重ねが
課題解決の糸口になっていきます。

マンガで課題発見！ まずは3つのケースを見てみよう ----------

その1 「毎日の定時」を意識していない職員たち

定時を気にしない働き方で、仕事の優先順位を考えない、だらだら仕事が続く、残っている人がいると帰りづらくいつまでもいる、の悪循環……。

その2 職員同士の会話が不足

開園時間が長い園では、早番と遅番がいつも人手不足。正規職員のシフトに偏りが出る結果、職員同士、思いや悩みを話す時間がなくて……。

マンガで課題発見!

その3 どっちが居心地の良い職員室?

職員室は職員があらゆる情報を共有し、園をより良いものに変えていくための場です。そのためにも、職員にとって入りやすい場であることが大事ですが……。

マンガで課題発見！ **ナビ**

「環境」に関する課題をマンガにしました。
1章で取り上げた「人」と同様、多くの園で見られるケースです。
ただし、問題解決には、1章とは少し異なる視点が必要です。
11ページの「解決に至らない園の傾向」
「問題への対策が解決につながらない理由」に加えてお読みください。

■ 問題への対策が解決につながらない もう1つの理由

> 保育または人間関係がうまくいかない理由を、園の考え方や、
> 人の配置など、環境のせいにして対策をたてている

では、「問題の本質」はどこにあるでしょう。

その1
定時を意識していないケース

始まりの時間は意識していても、終わりの時間を意識していないのは問題です。ただし、問題の根底にあるのは、限られた時間の中で、最大限の成果を出すという認識が職員にないことです。

その2
会話不足のケース

シフトで働いている職員間のコミュニケーションが少なくなるのはどこも同じです。問題は、どの時間ならより多くの職員が集まれるのか、会話をするためにどうしたらよいかを考えていないことです。

その3
職員室の比較のケース

職員室の居心地が良いか悪いかではなく、職員室をどのような場にしたいのか、その意図が明確にされているかどうかに問題の本質があります。

3つのケースに共通するのは
「環境」の陰に人の課題が隠れている点です。
次のページから、同様の課題を抱えている7つの事例を取り上げます。
問題の本質をとらえ、目指す解決への道筋を見出してください。

1

目の前のことに
精一杯で余裕が
全くない

慣例や習慣を見直して
新しい時代の保育を創造しましょう

問題の本質

園の未来に向けて、職員同士が語り合う時間をつくる余裕がない

人手不足で、職員一人ひとりの負担が大きい

どの園も人手が足りていません。規定の人数は配置できているものの、望ましい人数と現実には大きな隔たりがあります。

昨今、どの園も開園時間は長く、9時〜14時には人手は揃うものの、早番や遅番の時間帯には圧倒的な人手不足に陥ります。正規職員が早番と遅番に交代で入り、なんとか人手を補っている状態です。早番、遅番の時間帯も子どもの数が少ないわけではなく、子どもは1日を通して常に一定数いますから、職員の肉体的・心理的な負担が減ることはありません。

現在定められている保育者数は、最低限の保育の質を保ち、子どもの安全を守りながらぎりぎりで動ける数です。子どもの様子、保育の中で気づいたこと、行事に向けての話し合い、保育の悩みや困りごと、これからチャレンジしていきたい保育等、未来に向けて職員が顔を合わせて語る時間は、残念ながら全くと言っていいほどとれていないのが現状です。

目指したい姿

無意識の「当たり前」や慣例を外して、職員一人ひとりがこれからの保育を考える

長期的な視点と短期的な視点を同時にもつ

　残念ながら、この先早急に人手不足が改善されるという見通しは立っていません。

　人手が足りない状況を改善するためには、各園が行動を起こしていかなければなりません。それには長期・短期２つの視点に立った取り組みが必要です。

　長期的な視点に立った取り組みとは、職員の働き方（時間や制度）や園の環境（休憩室や職員室等の配置や構造）、園の雰囲気、人的配置の見直しなどです。職員に辞めずに長く働き続けたいと思ってもらえるよう、変えていかなければいけないことは多々あるはずです。

　ただし、変えるのにはある程度の時間がかかります。同時に、短期的な視点に立った取り組みも求められます。臨機応変なシフトの組み方、休日の取得や代休制度、職

■ 園における長期的な取り組みと短期的な取り組み

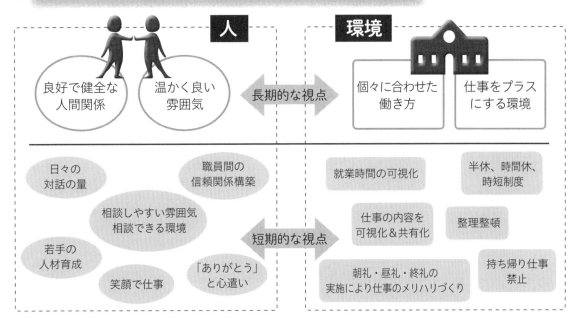

員の意見の吸い上げなど、すぐに行動できることも多々あります。

変化を起こすには、エネルギーが必要です。前ページでも記述していますが、当たり前を疑い、これまでの慣例から抜け出すためのエネルギーです。

今の人数でできる 最良の保育を考える

人手不足の現状が一層深刻になっているのは、職員たちの思い込みも影響しているかもしれません。今の枠組みを変えずに、人的配置を考えていくと明らかに不足が出ます。Chapter ❶ でも取り上げましたが、担任はクラスから離れてはいけない、パートや非常勤職員は補助的な仕事のみ行う、会議は夕方行うもの、クラスごとに活動を行うなど、これまで無意識に行われている慣例や習慣がたくさんあるはずです。その慣例・習慣に人を当てはめるのではなく、保育のあり方や保育内容の見直しなど、今いる人数でできる最良の保育の姿について考えてみてはいかがでしょうか。

時代と共に、あらゆるものは変化していきます。そのなかで変えてはいけないものをどのように残し、なおかつイノベーショ

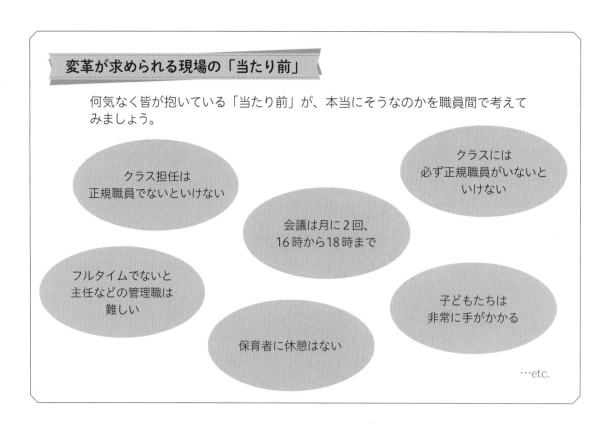

変革が求められる現場の「当たり前」

何気なく皆が抱いている「当たり前」が、本当にそうなのかを職員間で考えてみましょう。

クラス担任は
正規職員でないといけない

クラスには
必ず正規職員がいないと
いけない

会議は月に2回、
16時から18時まで

フルタイムでないと
主任などの管理職は
難しい

保育者に休憩はない

子どもたちは
非常に手がかかる

…etc.

ンをどのように起こしていくか、新しい時代の保育を創造することがこれからの園に求められます。

自ら考えて行動する力が求められている

多くの園長や副園長、主任、いわゆるリーダー層に、今、職員に期待することは何かとお聞きすると、「自分で考えて行動してほしい」という声が圧倒的に多いと感じます。言われなくても自分で動く、自ら気づいて動く、仕事の失敗も何がいけなかったのかを考えるなど、表現は異なるものの本質は「考えて動く」ことです。

昨今、保育界だけに留まらず、自ら考えて行動する力は社会全体に求められている傾向があります。それはなぜでしょう。

社会全体を見ても、大企業の倒産、成果主義、働き方改革など、これまで当たり前であったことが、瞬時に変化していく時代です。この変化に、「これまでの方法」では対応しきれなくなっているのです。

保育現場に人材の余裕はありません。フリーの保育者が常に待機していることはありません。迷った時、だれかの指示を待って動いていては間に合わないことが増えていきます。ある程度自らが判断の軸をもち、その場に応じた最善策をそれぞれが考えて意思決定していくことが必要です。

職員それぞれが自ら意思決定できることは、本人の成長に限らず、園にとって大きな財産になっていきます。そのためにも主体的に考え行動できる人材を育成する必要があります。

チャレンジが仕事をおもしろくする

職員一人ひとりが考えて行動することは、今までにない新しい発見が増えるということです。「当たり前」だと思っていたことで気づかなかった、これまで隠れていた芽を見つけ、育てることなのです。

職員自らが創造性を発揮してチャレンジすることは、仕事を驚くほどおもしろいものに変化させます。エネルギーに満ちた職員たちによって、園は活気溢れる職場へと成長するのです。

まずはココから！

「どうするのがベストか？」という問いを投げかけてみる

これまでの枠組みに当てはめようとするといろいろな不具合が発生します。目的に向けての道筋は多々存在します。

2

先輩の
保育を実際に
見てみたい

失敗と成功体験を積み重ねて
新人は成長していきます

人手不足で十分なOJT※の時間がつくれず、新人が自信を失っていく

**実際の保育の現場では養成校で
学んだことと異なることが山ほどある**

　人手不足は、新人育成の問題にも関係が
あります。

　1年目の保育者に限らず、3年目までの
若手保育者に悩みを聞く機会がありますが、
多くの園で共通して聞かれる言葉は、「現場
で起こることは養成校では習っていないこ
とがほとんど」「もっと先輩たちの保育を実
際に見たい」などです。

　園では、入職した1年目から1人担任に
なることも珍しくはありません。最初のう
ちこそほかの保育者がフォローに入ってく
れることもあるようですが、人手が足りな
いために1か月も経たないうちに1人でク
ラスを運営することも多いようです。

　養成校で専門知識を学び、資格も取得し
たのだから、1人でクラスを運営するのは
当然のようにも思えますが、実際の現場は
そんなに甘くありません。現場に出てみて
初めて知ること、習ったのとは異なること
など山ほどあります。できれば3か月間ほ
どOJTを経験してから独り立ちすることが
望ましいのですが、人手不足の園にそのよ
うな余裕はありません。十分な指導も受け
られず、新人は現場で自信を失い、孤独を
感じていきます。

※ OJT（On the Job Training）：実務を経験しながら仕事を身に
　つける教育手法のこと

新人の失敗をフォローでき、新人がモチベーション高く行動できる体制がある

1年目は失敗から学ぶ

　学生から社会人へとステージが変わることは、新人にとっては緊張の連続です。責任感の強い新人は、失敗しないように日々奮闘しています。

　この「失敗しないように」が、成長の足かせになっています。1年目は失敗してもよいのです。失敗から学ぶことに価値があります。しかし保護者の立場から見たら、1年目だからといって失敗が許せるわけではありません。

　そこで大切なのは、失敗してもフォローできる体制をつくることです。新人教育の体制として新人を1人ぼっちにしない仕組みをつくる、先輩の保育を見せる時間をつくる、毎日5分でいいので悩みを聞く時間をつくるなど、育成方法を具体的に考えていきます。

主任の役割は 新人の後押しとサポート

　育成を任う主任にとっては、新人職員の仕事は浅く見えてしまいがちです。 もっと頑張ってほしいと思ったりすることも多々

新人のよくある失敗例

子どもの発達や成長よりも、クラスをまとめることが優先され、指示通りに動くことを強制したり、言うことをきかない子どもにいらいらしたり、怒ったりする

時間通りに予定をこなすことに必死になってしまい、子どもたちに「早くしなさい！」「ちゃんとしなさい！」と怒鳴る

悩みや困りごとを同期同士で相談し、結果として誤った行動につながってしまう

日報や日誌が書けない。書いても文章や言葉遣いがおかしい

書類の提出期限が遅れる

勤務の開始時間を過ぎてから、欠勤の連絡を入れてくる

…etc.

あります。しかし、「自分で考えた」ことを成功体験に結びつけていかなければ、新人のモチベーションは下がる一方です。「自分で考える」楽しさや充実感、達成感等のメリットがなくなってしまうからです。

自分で考えたことを実践して初めて、成功体験も失敗体験も得られていきます。その積み重ねこそが成長であり、体験なしに成長を期待しても期待外れに終わってしまうことがほとんどです。

主任から見ると、明らかに間違っていること、このままだとうまくいかないとわかっていることもあるでしょう。しかし、すべてを否定するのではなく、行動の後押しとサポートに力を注いでください。

例えば、ただやみくもに行動させるのではなく、コーチングの目的思考で考えます。

- どんなことを考えたのか？
- それはなぜそう考えたのか？
- 行動の成功イメージは？
- 行動するとしたら、どこから？
- どのように取り組めそうか？
- そのために準備することは何か？

途中の「報・連・相」を忘れず、新人が考えたという事実をしっかりと承認し、楽しく仕事の中で活かしていけるよう見守っていきましょう。

新人が周りの助けを借りられるよう「報・連・相」を大切にする

ここ数年の新社会人は、「失敗をしてこなかった世代」などと表現されることがあります。1つの失敗によって自分が全否定されるように感じ、失敗しないように、なんとか自分で物事を解決しようとする傾向があります。責任感が強いと捉えられる一方で、抱えすぎるリスクも否めません。

新人には、周りの助けを借りながら、協力して仕事を進めていく方法を、躊躇なく選択してほしいと思います。「報・連・相」は周りが協力するための情報共有であり、情報が共有できるからこそ、物事がうまく進んでいくのです。そのことをしっかりと伝えてほしいと思います。

新人がモチベーションを高くもって行動できるための支援をしていきましょう。

まずはココから！

「新人育成に時間をかけられない」から、「どうしたらできるのか」の視点に変化させる

新人を育てるためにつかう「人と時間」は園にとって未来への投資です。

新人の悩みから、新人のための体制づくりにつながった事例

筆者が訪れた園で実際にあったエピソードです。

新人Aの悩み

ある園の新人保育者A。
4月に会った時は「仕事が楽しい」
と嬉しそうに話してくれました。でも、
8月には「仕事がつらい」と言っていました。
理由を聞くと、子どもたちとかかわる術がわか
らないと言うのです。「4月に比べて、子どもた
ちが言うことを聞いてくれなくなった。その際
に、自分は『大きな声で叱る』という選択肢
しかない」と。
怒鳴ってしまったことを後悔しながら
泣きながら帰ることもあるそう
です。

主任の対応

この話をすぐに主任に伝
えたところ、主任は翌日から行動
を起こしました。毎日、新人Aが学年リー
ダーと話をするための15分をつくることに
したのです。その間はパート職員にクラスを任
せます。
ヒアリングの結果、特に不安を感じる場面に
は、学年リーダーも一緒に保育を行うことに
しました。学年リーダーが難しい場合は、
ほかの先輩職員がフォローすることに
しました。その結果、新人Aに
笑顔が戻りました。

新人保育者Bの担当をし
ているクラスには、気になる子ど
もや手のかかる子どもが複数人いまし
た。いつも必死に1日を過ごしています。
気になる子どもに意識が向きすぎるとほか
の子どもたちの活動やかかわりに影響が出て
しまいますが、人手不足のなかどうしたらよ
いかずっと悩んでいました。気持ちが素
直でまじめな性格なので、ちゃんとで
きないのは自分の能力不足だ……
と落ち込んでいました。

新人Bの悩み

いつも笑顔の新人Bのふ
とした表情が気になり、きちんと
向き合って話を聞いたところ、クラスが
手に負えないとのことでした。
気づいてあげられなかったことを謝り、あな
たは一生懸命にやっていると認める言葉をかけ
ました。それから、1日の流れを聞き、大変になり
そうな時間帯は、パート、フリーの保育者や主
任など、だれかが必ず手を空けて補助に入る
ようにしました。新人Bは自分は1人では
ないと感じられたことで、心からホッ
としたようです。

主任の対応

気になる子が
こんなにいるなんて……
養成校ではあまり教わってない

職員の学び合い、磨き合いが 保育の質を向上させます

問題の本質

「発達が気になる子」の ための保育を学び合う 時間がとれない

気になる子の増加に、保育者の知識も 支援の手も追いつかない

「発達が気になる子」、この言葉は園の中でもずいぶん定着しました。知的な障害はないものの適応力に課題を感じる子、いわゆる「グレーゾーンの気になる子」は増えています。

診断名がつくにしろ、つかないにしろ、

子どもの特性に早く気づき、早い段階で対応することで、その子が将来にわたり幸せで生きやすい環境を探り、その子の力を伸ばしていくことが求められています。

ところが、養成校では発達が気になる子についてそれほど深くは教えてくれず、また学んできたことがそのまま現場で役に立つわけでもありません。

気になる子の数は増えているのに、職員の知識やスキルがない、支援の手が薄いのが現状です。また、気になる子の特性や効果的な接し方について共有したり学び合ったりする時間がとれないという現状もあります。

加配の保育者がついても、その人に任せきりで、ほかの職員との連携がうまくいっていないケースもあるようです。

新たな保育や働き方に向けて互いに学び合い、磨き合う

気になる子どもの対応には加配保育者との連携が必要

　気になる子がいるクラスでは、子どもが部屋から出てしまう、その子につきっきりになることで一斉活動が進まない、対応方法がわからず大きな声で怒鳴り、子どもも職員もつらい思いをしてしまうなど、様々なことが起こっているようです。

　そのようななか、加配の保育者が入ると、担任は安心してクラスの子どもたちとかかわることができます。加配の保育者は気になる子どもの様子や状態を把握し、対応の方法もたくさん知っていますので、子どももとても安心し落ち着いて過ごすことができます。

　一方で、加配の保育者が配置されると、その子どもの対応をつい任せきりにしがちです。担任は直接対応することが減るため、子どもの特性や様子、どんな時に感情が高ぶるのか、どんなこだわりがあり、どのようにかかわることでその子が伸びていくのかといったことに気づくことができません。

気になる子どもの状態や様子を職員全体で共有する

　気になる子どもの情報は、職員全体で共有し合い、更新し続けることがとても大切です。その子の成長のためにも、職員が自らの専門性を磨いていくためにも必要なのです。担任だけではなく、学年や園全体で共有し、対応できる職員を増やしていくことが、次年度以降の子どもへの対応や保護者支援に大きく役立っていきます。

　そして、現場から学んだことを体系的に残していくことで、園には子どもの個性を伸ばすための引き出しが確実に増えていきます。

　発達に不安がある子どもや、支援が必要な子どもに対応できる職員が増えていけば、その子が進級しても、前年と同じようなサポートを受けることができるようになります。

　どの保育者が担任でも、すべてのクラスにおいて園の掲げる理念が実践され、同じ質の保育を安心して受けられる。これが、良い園の1つの定義だと言えるでしょう。

何を学び合い、どう磨き合うかそれぞれが考える

　気になる子どもの支援は、多くの園において課題として捉えられており、方法についても日々模索している状態だと言えるでしょう。何を勉強する必要があるのか、どう学んでいけばよいのか、基準も方法も明確ではありません。個々の職員においては、

学んだことがそのまま活かせるわけではな
く、対応に迷うことも多いのではないでしょ
うか。しかし、これはすべての保育活動に
おいて、同じことが言えます。

学生時代は、学習する範囲も評価される
基準も明確でした。また、学習方法も先生
に教わることができました。

一方で保育現場に出ると、学習の範囲は
無限大にあり、学ぶか否かも園や個人に委
ねられています。良い園を目指すために、
職員たちが何を学び合い、磨き合うことが
大切なのか、それぞれが考えていくしかな
いのです。

**課題に向き合い解決するための
選択技を増やす**

気になる子どもへの対応だけでなく、初
めてのことや新しい問題に向き合う時、人
は無意識に、できない理由探しから始めて
しまうことがあります。この視点を変えな
いと新しいことはいつまでたっても始まり
ません。

これは、個人だけではなく、園全体とし
ても同じことが言えるでしょう。

これまでの習慣をやめ、新しい価値観に
変えていくためには、まずは、「習慣を変え
られない理由を探している」ことに気づく
ことが必要です。そして、それができるよ
うになるための創意工夫の視点に切り替え
るのです。新しい保育や働き方が求められ
ている今、このような思考は、多くの場面
において力になってくれることでしょう。

気になる子ども3人がいるクラスを受けもった保育者の事例

保育者になって2年目。初めて受けもった3歳
児クラスには、20人のうち、気になる子、いわゆ
るグレーゾーンの子どもが3人いました。あくま
でグレーゾーンですので、加配は配置されません。

1つのクラスに、気になる子が3人いること
は園にとっても初めてのことでした。職員の人数
はぎりぎり、フリーの保育者もいない、経験の浅
い保育者1人でクラスを見る状況です。予想して
いた通り、気になる子どもは途中で部屋を飛び出
したり、活動中に寝転んだりで、保育は予定通り
進みませんでした。

このままではいけないと考えた保育者は、気に
なる子専用のノートを用意しました。記入項目は、
コーチングの観点から「子どもが落ち着くのはど
んな時」「集中するのはどんな時」「落ち着かない
のはどんな場面」などとし、それぞれの項目につ
いて、子どもの様子だけではなく、自分の行動に
よって起きた子どもの変化も記入しました。

半年経つ頃にはノートも増え、子どもたちへの
かかわりの引き出しもグッと増えていきました。
そして、保育者の表情にも自信が表れるようにな
りました。

毎日を通して、職員の思考パターンを変えていく、つまり思考の習慣を変えていくことで定着していきます。

思考を変えるには
トレーニングが必要

思考の習慣は2〜3日で変わるわけではありません。日々の保育やコミュニケーションを通してトレーニングしていくことが効果的です。

例えば以下のような方法でトレーニングを行います。

コーチング

● 行事の後の振り返りを行う際、状況の報告だけではなく、成功要因、失敗要因 について職員間で考え話し、次の行事につなげていくためのヒントを探る

<問いかけ>
・今回の行事の完成度、満足度はどれくらい？（目標に対しての数値化でも可）
・うまくいったことは？　その成功要因は何？
・予定よりもうまくいかなかったことは？　その失敗要因は何？
・もう一度同じ行事を行うとしたら、改善すべきことは何？　それはなぜ？

● どのようなクラスにしていきたいのか、クラス間の情報共有を図る話し合いを行う

<問いかけ>
・今年1年、どのようなクラスにしたい？
・この1年で期待したい子どもの成長の姿は？（知能・気持ちや感性・体の3つの観点で考える）
・つくりたいクラスに向けて、担任が頑張ることは？　学ぶことは？　必要な知識は？

このように創造性のあるコミュニケーションをくり返していくことで、思考は創意工夫するものへと変化していきます。

まずはココから！

今、何を学ぶ必要があるのか、その学びをどのように自分自身と園の財産として残していくのか、全員で考える

気になる子への対応をはじめ社会には答えが明確に見えてこない課題がたくさん。社会人の学びには終わりはありません。

4

びっしり
シフト表

保育の仕事は好きだけど
休みが少なくて、
体も心ももたない……

がく…

みんなで考え行動することで
働く環境は変わります

問題の本質

人手不足を理由に、働く環境の見直しが進んでいない

好きというだけで
仕事は続けられない

　働き方が見直されている時代です。リモートワークや短時間勤務、様々な雇用形態や副業等、これまでにはなかった働き方や考え方が生まれています。

　働き方を見直すことは、仕事も生活も両方充実した人生を送ることにつながります。私は「120日公休（有給休暇は別）」を推奨し提案していますが、園長たちから返って

くるのは「人が足りないから難しい」「園では無理」という言葉です。人手が足りないなかで休日を増やすというのは無理難題に聞こえるでしょう。しかし、だれもが休みを惜しんで働きたいと思うわけではありません。休みを惜しんで働くべきでもありません。働く環境を整えることは長期的な視点で考えると、解決すべき課題の最重要項目です。

　働く人も多様な価値観をもっています。保育の仕事が好きだから自分の気持ちを我慢する、無理をしてでも耐えるという価値観だけではありません。仕事かプライベートかの二択ではなく、両方選びながらより良い人生を生きるという価値観も大切にされるべきです。

　職員の心と体が元気でないと、良い保育はできません。それは子どもの不利益にもつながります。

目指したい姿

園長自らが目指したい状態を描き、職員に問いかけ、考えて行動するよう促す

「どうしたらできるか」の思考で考える

働く環境の見直しは答えの見えづらいテーマです。なぜなら園に限らず、国内における企業や組織を見てもこれまでの経験値が少ないことだからです。正解がわからないからこそ、どの組織もトライ&エラーをくり返しながら組織にとって望ましい姿を創造しようとし続けているのです。

園においては、人手不足が足かせになり、自由に様々な方法を試すことが難しいのが現状です。それでも現場の声を聞きながら、良質な保育を保ちながら、より良い方法を探るしかありません。ここで鍵になる考え方が、自分たちへの問いかけです。

コーチング

- ● 自分たちが目指したい状態になるためにはどうしたら良いのだろうか？

何度もお伝えしていますが、「どうせ無理」の思考から、「どうしたら実現できるか？」に思考をチェンジするのです。できるか否かだけで考えると、思考の創造性は狭まってしまいます。目指す目的地に行きたいか行きたくないか、"Want"の思考からスタートすることで、新しいアイデアが生まれやすくなります。できるか否かはアイデアが出尽くした後で議論していきます。

どうなりたいかを職員みんなで描いてみる

まずはどうなりたいか、目的を描くことから始めてみましょう。

職員に問いかけ、一緒に考えます。

コーチング

- ● どんな働き方が実現すれば幸せだろうか？
- ● どのような環境であれば、10年後も園に勤めていられるだろうか？
- ● 仕事と家庭を両立するために必要なことはなんだろうか？
- ● 仕事と子育ての両立で今、困っていることはなんだろうか？
- ● どのような職場だと、後輩や友人に紹介したくなるだろうか？

意見を出し合う際に気をつけたいのは、前述したように"Want"の発想で話すことです。それにより、アイデアは膨らみ、新

59

しい未来が描けるかもしれません。

　このような話し合いで挙がった職員の声には、次のようなものがあります。

● 自分の都合（私事都合）で好きな時に有給休暇を取得したい
● 病院や銀行等、平日にしか行けない・できない用事のために「有給時間休」が欲しい
● 担当クラスの希望を出したい
● 1人1台パソコンが欲しい。そして、要録やその他の書類をPCで作りたい

　これからは柔軟性が求められる時代です。「今まではこうだったから」と過去のやり方に固執することで、失うものは多々あります。柔軟な発想でどんどんアイデアを出し合いましょう。

考えて行動することで発見が増え仕事が変化する

　描いた未来を実現するためには、職員一人ひとりの知恵と力が必要です。組織の最大の強みは、個の力が合わさって相乗効果が発揮されることです。様々な階層の職員がいることで、豊かな発想とバリエーションに富んだアイデアが生まれます。働きやすい職場にするために、何を変えていくの

■ 自分で答えを見つけるサイクル

問い
考える　考える
自分で答えを見つける
問い

次に活きる材料の発見
失敗の振り返り
落ち込む
失敗
このプロセスにしっかりかかわっていくこと
失敗してもいいんです
一人ひとり考えることから、職員間の対話へ。創造性のある発想や新しいアイデアはたくさん生まれる

か、新しくチャレンジすることは何か、職員一人ひとりが答えを見つけていくのです。

例えば、職員に、「働きやすい職場にするためには？」というアンテナをもって園や仕事を見渡してみるよう伝えましょう。そうすれば、当たり前だと思っていた日常に発見が見つかるかもしれません。

日々の保育の中でも、新しい方法や考え方が見つかります。自らが考えて行動することで、仕事は驚くほどおもしろいものに変化していきます。職員一人ひとりが園の未来に参加することで、園は活気溢れる職場へと成長するのです。

園長と職員間のコミュニケーションを通して、一人ひとりが自信をもつ

職員が日々考えていることや、胸に秘めているアイデア等をそのまま放置していては変化は起こりません。互いに発信し合う機会をつくっていますか？

大々的な会議でなくても構いません。職員室に立ち寄った時や休憩時間のひと時、製作物を作っている時の雑談、すれ違った時の数分の立ち話など、言葉を交わす機会は1日を通してたくさん存在します。

会議では緊張して言葉を発せなくても、リラックスした場面では、自分の思いを話せる職員も多いのではないでしょうか。事実確認や指示を出すなど、業務に必要なコミュニケーションだけではなく、職員の思いや考えを知るコミュニケーションを積極的に意図的に増やしていきましょう。

園長は、正解ありきのコミュニケーションではなく、職員が自由に自分の意見を発信できるようにしましょう。また、職員が自らの創造性を磨いていくために、園長の思いと異なる意見でも受け止め、貴重な情報だと捉えるようにしてください。

継続して行うことで、職員から思いもしないアイデアが挙がってくるはずです。

考える力は能力ではなく習慣で磨かれていきます。磨かれ続けていくと視野は広がり、さらに考える力は高まっていくのです。

まずはココから！

今だけに目を向けるのではなく、長期的な職員の幸福に目を向ける変革を

職員にとってどのような環境が幸せなのか、どうしたらこの園でずっと働きたいと思ってもらえるのか、その答えは1つではありません。気持ちの部分（内的要因）と環境の部分（外的要因）のバランスをとりながら、これまで行ってこなかったことにもチャレンジしていきましょう。

5

お迎えが遅い保護者に
甘すぎる気がする……
私は注意すべきだと思う

思いが一つになれば
目指す道は見えてきます

問題の本質

園の中で大きく異なる考え方が存在し、違和感をもつ職員がいる

今なお、教育的な観点と福祉的な観点の違いがある

　幼稚園と保育園は、異なる考え方からスタートしました。教育の観点から保育（教育）を行う幼稚園、養護や福祉の観点から保育を行う保育園。子どもを預かるという点では同じでも、制度上かつて根っこの部分には大きな違いがありました。この考え方の違いが、今なお職員の意識に影響を及ぼしていることがあります。

　ある保護者が言うには、幼稚園と保育園

の違いは「保護者思いかそうでないか」だそうです。すべての園がそうだというわけではありませんが、考え方が異なるために、保護者対応に違いが出てしまうことはあるかもしれません。その保護者によれば、それを強く感じたのはお迎えの時だとのこと。「保育園は多少遅れても温かく迎えてくれたが、幼稚園ではそうではなかった」のだそうです。

　同じ園内でも考え方の違いは存在しています。それが職員に違和感をもたらすこともあります。例えば、幼稚園から保育園に転職した保育者は「保護者に寄り添い過ぎなのでは」と感じ、保育園から幼稚園に転職した保育者は「保護者の事情をもう少し考慮したほうがいいのでは」と感じるなどです。どちらが良い・悪いではなく、職員が自分の園に違和感を抱いていることが問題です。考え方の違いが、園にとって大きなリスクになりかねないからです。

リーダーから「思い」を発信し、対話を重ねて、職員の思いを一つにする

園ごとの対応の違いは、目指す方向性の違い

　職員がどのような思いで子どもや保護者とかかわりをもつのか、職員間で共通の思いがもてていないとしたら問題です。

　園の方向性が共有されていないと、前述のように保護者対応に影響が出ます。子どもへのかかわり方にも影響を及ぼします。例えば、「発達が気になる子」への対応も、園の方向性によって大きく変わります。入園を断る園、積極的に受け入れる園、この違いも、園が目指す方向性によって生まれます。

　日々の保育においても、保護者からの質問や意見に対して、対応する職員によって伝える内容に違いが出ることもあります。保護者からすると、一貫していない、何が正しいかわからないなどの、不安や不信につながりかねません。

保護者対応も園の方向性によって変わる

　保護者対応について課題を感じている園は少なくありませんが、その多くは、課題解決のために、クレームにどう対処したらよいのか、どのようにコミュニケーションをとったらよいのかなど、すぐに使えるスキルを求めがちです。でも、そうした小手先のスキルでは、問題はなかなか解決しません。

　人の行動は、どのような意識や考えをもっているかによって選択されます。保護者対応を例にすると、大切なのは、保護者の立場と園の立場、どちらを重視した対応が正しいかということではなく、園としてどのように考え、どのように対応するのかその方向性をしっかりともち、職員全員が理解し行動することです。

　まずは、次のことから考えてみましょう。

- 園は保護者にとってどのような場でありたいのか

- 保護者とどのような関係性を築いていきたいのか

- 子どもに対するどのような思いを保護者と共有し、どのようなことを話し合いたいのか

- 保護者に求めていることは何か

- 保護者に向けて、今発信していかなくてはいけないことは何か

まずはリーダーが
自分の「思い」を発信する

　園にはたくさんの思いが存在しています。その思いを一つにまとめるのはとても難しいことですが、それを成し遂げるためには、まずリーダーである園長・主任が自分の思いを発信することです。その思いが職員たちに届くことが大事なのです。

　一方的に伝えるのではなく、園長として、または、主任としてなぜそのように考えているのかを伝える必要があります。そして、発信した思いに対して職員はどう思っているのかを確認します。こうした作業のくり返し、つまり対話を重ねていくのです。

　職員にも考えや意見はあります。園長・主任の意向に職員が沿うだけでは組織はうまく働きません。リーダーが職員の意見を受け止め、採用できるところは受け入れ、譲れない部分は協力を仰ぎながら、園にとってより良い着地点を見つけていくことが大切です。

　みんなの思いが一つになれば、園が目指すべき道はおのずと見えてくるものです。

基本的なマナーを
職員全員が学ぶ機会を

　根本的な部分が共有できれば、あとはそれをどのように表現していくか、つまり、言い方や伝え方、接し方などのコミュニケーションスキルを磨いていくだけです。

　「言っていることは間違っていないのだけれども、言い方が……」「そんな言い方しなくても……」。互いに支え合える関係になるためには、社会人として保育者として、感じの良い所作やコミュニケーション力が必要です。

■ 保護者対応時の「心の袋」

保護者対応に必要なのは、
コミュニケーションスキル
だけではありません。

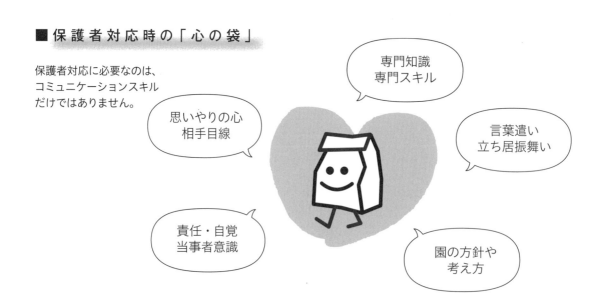

思いやりの心
相手目線

責任・自覚
当事者意識

専門知識
専門スキル

言葉遣い
立ち居振舞い

園の方針や
考え方

マナー研修を実施する園も増えました。なぜ基本的なマナーが求められるのかを理解し、そのうえで基本の型を職員全員が学ぶ機会をつくりましょう。

「いつか覚えるだろう」「うちの先生たちには必要ない」ではなく、基本的な社会人スキルが、職員間の人間関係の構築にも、保護者との関係の構築にもつながっていくのです。

セルフコーチング

Q1 園の職員の現在の社会人基本マナースキルのレベルは何点ですか？

Q2 保護者と良い関係を築くために必要な安心感・信頼感・親近感とはどのようなことか、具体的に言語化してみましょう。

Q3 社会人基本マナーの観点で、職員に共通する傾向はどのようなことですか？

Q4 職員に備えさせたい力やスキルはなんですか？

Q5 職員全員が学ぶ機会としてどのようなものを企画しますか？それはいつ開催しますか？

目指すゴールを定め、次にスキルアップを

思いをどのように伝えていくのか、どのような言い方や表現だと保護者に届くのか。「方法」をブラッシュアップしていきましょう。

6

呼び名から心がつながり
チームが一つにまとまります

問題の本質

職種の違いで線引き。意識の隔たりがチームワークの亀裂を生む

働き方や職種が呼び名

　園には様々な働き方や職種の職員がいます。正規職員、非正規職員、臨時職員、調理師、栄養士、保健師、看護師、時間で働くパートタイマー、アルバイトの学生。ただし、

　子どもたちや保護者からすれば皆、園の「先生」です。働き方の違いが、子どもたちへのかかわりの違いになってはいけません。

　正規職員の保育者と話していると、たまに不思議なことが起こります。それは、正規職員のことは「○○先生」と個々の名前で呼ぶのですが、それ以外の方に対しては本人の名前ではなく、「非正規さん」「パートさん」「調理さん」といった、働き方や職種で呼ぶことです。その不自然さに本人たちは気づいておらず、悪気もないようです。しかし、呼ばれるほうからすると、一線を引かれているように感じるのではないでしょうか。

　園の職員全員が、気持ちのどこかで一つになれていない状態は問題です。

働き方の違いを相乗効果に変え、チームワーク力を高めていく

働き方が違っても
全員が同じ園で働く仲間

　正規職員に、職員同士の呼び方が気になることを指摘すると、無意識にそうしていたと驚く人がほとんどです。ではこの無意識はどこからくるのでしょうか。

　気持ちのどこかに、仕事内容の違い、責任の範囲や重さの違い、働く時間の違いからくる「私たちとは別枠」感をもっているのかもしれません。

　職員会議や職員研修なども、年度初めや終わりを除くと、正規職員だけで開催されることが多いのではないでしょうか。

　働き方の違いは、役割の違いと捉えてみましょう。子どもの未来を育む園において、それぞれの職員が、それぞれの仕事を行い、互いに補い合うことで、子どもや保護者にとって良い時間となっていきます。働き方の違いを明確にすることが目的ではなく、違いを活かしてより良い相乗効果を生み出していくことに価値があります。いわゆるチームワーク力です。

　働き方が多様化している時代です。この先も様々な働き方や生き方が尊重される時代になります。どのように職員一人ひとりの強みとスキルを融合させ、良いチームを構築していくかを考えていきましょう。

コミュニケーションを増やし
「3つの感覚」を育む

　アドラー心理学では、育児と教育において「3つの感覚」を大切にすべきと説いています。

● 人の役に立ちたい（貢献心）
● 私には能力がある
　（自己有能感や自己信頼感）
● 人々は私の仲間だ（他者受容感）

　これらは子どもだけではなく、大人にも同じことが言えると思います。
　保育者に置き換えてみましょう。

● 園に必要とされる人でいたい。子どものために頑張りたい（貢献心）
● 私は保育者としてしっかり子どもとかかわれる・私は良い保育者である
　（自己有能感や自己信頼感）
● 園の職員みんなと良い関係を築きたい・仲良くなりたい・信頼されたい
　（他者受容感）

　なかでも「他者受容感」が満たされると、職場の居心地が良い、自分には居場所があ

ると安心感を得られます。一方で、それが欠落すると、私は必要とされていない、私は認められていないという気持ちが芽生えてしまいます。

仕事は好きでも、人間関係に悩みを抱えると離職につながります。保育業界に限らず、働くうえでの不安な要素の上位には必ず人間関係が挙がっています。人間は、大人も子どもも自分の居場所があるか否かが重要なのです。

園で働く職員全員が自身の居場所を見つけ、必要とされていることを実感するためにも、まずは職員全員の他者受容感を上げていくことは大切です。それには「対話やコミュニケーションの量」を増やすことです。

職員の心を一つにするために

働き方は違っても、園が掲げる目標に向かうメンバーの一員であることに違いはありません。それぞれがそれぞれの立場でできることを行っていくだけです。

職員の心を一つにするために、つくりたいチームの姿をぜひ職員みんなで話し合ってください。

コーチング

- どんなチームでありたいか
- そのチームを構築するため必要なことは何か（言葉遣い、態度や表情、心や気持ち）
- 現状はどうか

話し合いから生まれた、職員みんなが気持ち良く働くための環境設定の一例を以下に示します。

- 園内ではだれであっても丁寧語で話す
- 職員同士は働き方にかかわらず「○○先生」と呼ぶ
- 「お疲れ様です」「ありがとうございます」「すみません」を、だれに対しても分け隔てなく惜しみなく伝える
- 非正規の職員とも保育や子どものことについて対話する
- 月に1回は園のすべての職員で話し合える場をつくる

まずはココから！

呼び名を見直し、全員が名前で呼び合う関係をつくる

呼び名はモチベーションにも関連していくように感じます。「○○先生」と名前で呼ばれることで園の仕事に参画しているという気持ちも生まれるようです。組織の最大の強みである、個と個が掛け合わされることで生み出される相乗効果を、子どもたちのために活用していきましょう。

正規・非正規職員の壁をなくす「いいね」の場面

「いいね」ケース1

人手が足りないのは調理室も一緒との考えから、手の空いた保育者が調理室を手伝うことを始めました（調理師免許がなくてもできる作業）。普段言葉を交わすことがない職員同士が話をする機会になり、親近感もわき、職員の距離がぐっと近くなりました。また、調理の仕組みや流れがわかることで、給食の時間、子どもたちとの会話も増えました。

「いいね」ケース2

ある園の主任は、新人の保育者が入職した際には、必ず職員の呼び名について指導します。職種・働き方にかかわらず、全員「〇〇先生」。その意図や意味合いもしっかり伝えています。

「いいね」ケース3

先輩保育者は、新人保育者に対して、パート保育者のスキルの高さやコミュニケーション力の高さを伝えています。それにより、新人の意識の中に、自然と相手を尊重・尊敬する気持ちが芽生えていきます。

「いいね」ケース4

調理室に勤務する職員は、調理がひと段落し手が空く時間帯に、保育室の手が足りなくなることに気づきました。園長に申し出て、書類作成などの事務仕事の一部を任せてもらうことになりました。調理室からは見えなかった保育の場面や保育者の仕事が見えるようになり、自分にできることや調理室との連携を考えるきっかけになりました。仕事が一段と楽しくなったとのことです。

「いいね」ケース5

旅行に行った際に、正規・非正規にかかわらず職員全員分のお土産を購入する職員は、「職員室に置いてあるからぜひ食べに来てください！」と、職員室でのコミュニケーションのきっかけをつくっています。

7

あの部屋は離れていて
見えないから
どんな保育をしているか、
ぜんぜんわからない……

園舎の構造の問題は
人と人とのかかわりで補えます

問題の本質

保育室の孤立や保育者の孤立を、園舎の構造の問題と捉えている

園舎の構造が職員関係に影響

　様々な園舎のデザインがあります。デザインによっては、職員同士の動きが見えやすかったり、相談しやすかったりする一方

で、保育室で何が行われているかが見えない造りの園舎もあります。

　保育室の様子が見えないと、ほかの職員に、そのクラスの保育者が日々どのように子どもとかかわっているのかがわかりません。保育者の強みや課題、悩みなどをわかってあげることも難しいでしょう。

　構造上、孤立した保育室の担任になった若手職員からは「どうしよう、すぐに先輩に相談できない」という不安の声が聞こえてきます。保育室が孤立していることで、職員同士の会話が少なくなってしまうことも問題です。

　このように、環境によってコミュニケーションに問題が生じることがあるのです。

人が動き、かかわりを意識することで、園舎の問題解決につなぐ

園舎の整備だけでは
保育や人間関係の問題は解決しない

保育現場におけるコミュニケーションの問題を環境のせいにしても解決しません。「構造上、仕方がない」という見方を、コーチングの真髄でもある目的思考に切り替え

てみましょう。

　これまでもお伝えしてきたように、まずは園のありたい姿、目指したい保育の姿に向けて、職員みんなが考え、話し合い、行動することから始めます。そして、何を目的にするのか、それを共有したうえで具体的な方法を考えるのです。

　例えば、【職員全員が子どもの姿を把握する】ことが目的だとします。保育の様子が見えやすい構造の園舎であればそれは容易ですが、そうではなくても、子どもについて職員全員で語り合う機会をつくることでその目的は達成できます。その方法として、例えば次のようなことが考えられます。

● 保育終了後、職員全員で顔を合わせて話

「できない」を、環境の理由にしがちな事例

階段の上り下りがあって
スペースも狭く、
この園舎の構造では
異年齢保育が難しい

園庭が狭いから子どもたちが
思い切り外で遊ぶことができず、
子どもの体力もつかない

玩具や遊具が少ないから
自由遊びの時間、子どもたちが
つまらなさそうに過ごしている

園舎が古くて
子どもたちが快適に
過ごせない

園庭にシャワーがないから
泥んこ遊びは
させてあげられない

本当にその環境が原因でしょうか。
改めて考えてみましょう。

す時間をつくる

● 週に１度、日報や週報を元に職員会議で話す

● 毎日30分、学年ごとに話し合いの時間をもつ

また【保育者の保育スキルを高める】ことが目的なら、

● 職員同士が互いに保育を見合う機会を１日20分つくる

● 職員が不安に感じている場面に先輩や主任が一時的にフォローに入る

● １日の終わりに互いに振り返りを行い、自身の課題やチャレンジ目標を見つける時間をつくる

などの方法があります。

このように目的思考に切り替えることで、環境の問題は乗り越えられるのです。

環境の問題は、その中にいる人の考え方や取り組み方で変わる

ハーバード・ケネディスクールのロナルド・A・ハイフェッツ教授は自著の中で、「問題が技術的要素にすり替わってしまった時に、組織の成長は失敗する。つまり、チームは人の思いや心やかかわりで成り立っている。たとえ構造やツールを変えたとしても、そこに人が存在しなければ、組織の成長はあり得ない」と言っています。

この言葉を園に当てはめると、「職員同士のコミュニケーション不足の問題を園舎の構造等環境の問題にすり替えてしまうと、園の成長は滞る」ということになります。

園舎の構造は容易には変えられないので、それを嘆くのではなく、職員の考え方や取り組み方を変えていこうということです。そうすることで、職員同士のコミュニケーションは豊かになり、職員の不安や孤立化は解消されていきます。

また、園舎の構造からくる「保育室の孤立」の問題を解決する取り組みとして、「日報の活用」があります。

一般的な日報の「子どもやクラスの様子」「保護者のこと」「特記すべき点」に加えて、「保育者の成長を確認するための項目」の記入欄を設けます。そして、次のような観点で記入します。

● その日の保育者自身の目標

● 活動の際に具体的にどのような言葉かけやかかわりをしたか

● そのかかわりにより、子どもたちはどう変化したか

● うまくいったこと（成功体験）
　うまくいかなかったこと（失敗）
　⇒それぞれ具体的に何をしたか
　（行動の明確化）

● 悩みや困っていること

悩みや困りごとは文字にすると伝わりやすく、それを見た主任や園長も声をかけやすくなります。また、保育者自身が、自分

の1日の行動を振り返る機会にもなります。

　選ばれ続ける園になるために、園舎やイベント等にこだわり過ぎず、この園で子どもたちがどのような毎日を過ごし、感動と経験を重ねているかを重視し、園の真の価値を高めていきましょう。その価値を高めていくのは、園で働く職員なのです。

※出典：『最難関のリーダーシップ　変革をやり遂げる意志とスキル』（英治出版）

 セルフコーチング

Q1 1日の保育を職員間で振り返るために、どのような工夫をしていますか？

Q2 職員一人ひとりの保育活動や内容をサポートする仕組みをもっていますか？

まずはココから！

保育自体や職員自身に光を当てて対話を重ねる

　何をしたかだけではなく、どのように行ったのか、それにより子どもたちはどうだったのか？　うまくいったことやうまくいかなかったことなど、保育や職員に光を当てた対話を重ねてみましょう。意外と園舎の構造は気にならなくなります。

Q3 園舎の構造やその他ハード面が、保育活動の妨げになることはありますか？

Q4 Q3で「ある」と答えた場合、保育活動をどのように工夫していますか？

〈活用方法〉

　本書で提案した、「成長目標の設定」や「園長と職員の対話」、「十分なコミュニケーション」のためにご活用ください。

　74、75 ページの各シートは、それぞれ B5 または A4 サイズに拡大コピーすると、記入しやすいサイズになります。

<目標設定シート❶>　　　　　　　　　　　　　　※記入の仕方は39ページを参考にしてください。

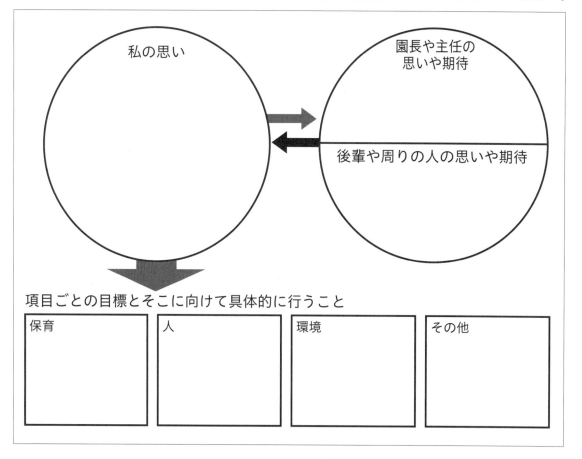

<目標設定シート❷> ※記入の仕方は39ページを参考にしてください。

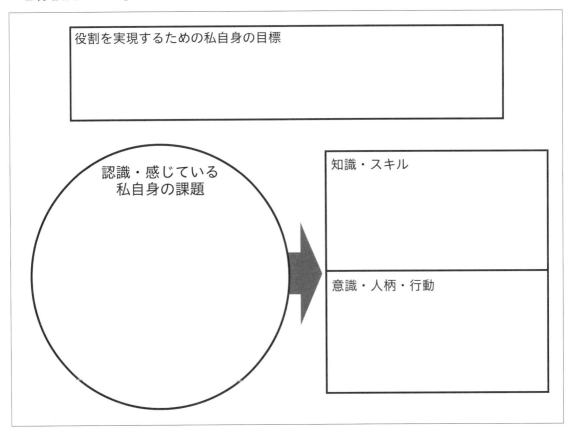

役割を実現するための私自身の目標

認識・感じている
私自身の課題

知識・スキル

意識・人柄・行動

<目標設定シート❸> ※<目標設定シート❶❷>を踏まえて、さらに具体的な内容を記入します。

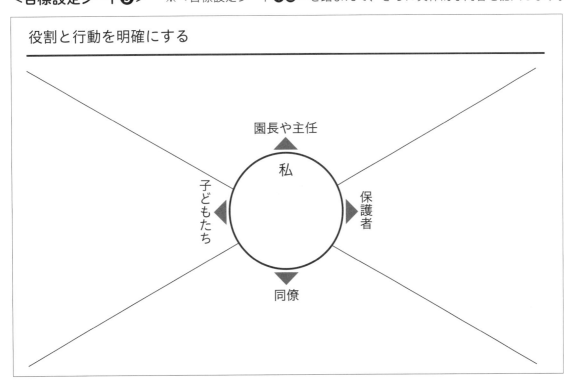

役割と行動を明確にする

園長や主任

私

子どもたち

保護者

同僚

＜チャレンジシート（全職員向け）＞

このシートは職員を管理するものではなく、職員自身がモチベーションを高めて仕事に取り組むための仕組みの１つと考えましょう。今の自分と周りから見た自分を照らし合わせながら目標を考えます。

氏名／保育歴	
担任クラス	

主任or学年リーダー		確認印
園長		確認印

★私の現状★

今の仕事内容	得意なこと・苦手なこと

★園長・主任・学年リーダーから見たあなた★

あなたの強み・伸ばしてほしいこと	今年1年間の期待する姿
応援メッセージ	

年　　　月　　　日

★私の目標★（園長や先輩の言葉を参考にして記入）

今年1年頑張ること（保育者・社会人の2つの観点で記入）
目標に向けて、新たに学ぶこと、改善すること（意識・行動の2つの観点で記入）
つらくなった時のサインと対処法

【記入の仕方】
1 「私の現状」を記入したら、上司に「園長・主任・学年リーダーから見たあなた」を記入してもらいます。
2 シートの左側が埋まった時点で、上司と対話する時間を取ります。対話の中で、左側の記入内容を踏まえて、「私の目標」を話し合って決めます。

＜チャレンジシート（新人向け）＞

新人育成のキーワードは、「目標に対して行動を明確に」「軌道に乗るまで支援を」です。このシートで、目標に向けて取り組むことを行動ベースまで落とし込んでいきましょう。毎月、主任や学年リーダーと一緒に振り返る時間をもつことも大切です。1年間は継続的に行うことをお勧めします。

期間：　　　年　　月　〜　　　年　　月

私の目標	具体的な内容	
★保育者として（意識・スキルや専門知識等）	①	
	②	
★社会人として（考え方・意識・行動等）	①	
	②	
	③	

行動を振り返ろう
（　　月末）
（　　月末）
（　　月末）
（　　月末）
（　　月末）
（　　月末）

名前：　　　　　　　　主任・学年リーダー：　　　　　　確認印

目標を達成するための具体的な行動	達成までの道のりを⟺で記入					
	月	月	月	月	月	月

主任や学年リーダーからのアドバイスや意見
（　　　月末）
（　　　月末）
（　　　月末）
（　　　月末）
（　　　月末）
（　　　月末）

著者
孫ちょんす（そん ちょんす）

(一財) 生涯学習開発財団認定プロフェッショナルコーチ。株式会社リール代表。大学卒業後、航空会社、コンサルタント会社勤務を経て独立。幼稚園・保育園・こども園等、幼児教育施設を中心に人材コンサルタントとして活躍している。「園は子どもたちの未来を作る大切な場である」との考えのもと、保育者や園職員の「自分で考える力」「自分で決める力」「自分で行動できる力」を引き出すためのコーチングをベースにした様々なトレーニングを行っている。直接園に出向き、現状を踏まえたカスタマイズなコンサルティングがもち味。

本書は、『保育ナビ』2014年4月号〜2016年3月号、および、2018年4月号〜2019年3月号連載の内容を整理して加筆・修正し、新規原稿を加えて編集したものです。

　表紙・マンガ　すぎやまえみこ
　イ ラ ス ト　みやれいこ
　編 集 協 力　こんぺいとぷらねっと

保育ナビブック

園の課題解決！　組織を育てるコーチング

2020年6月10日　初版第1刷発行

著者　　孫ちょんす
発行者　飯田聡彦
発行所　株式会社フレーベル館
　　　　〒113-8611　東京都文京区本駒込6-14-9
　　　　電話［営業］03-5395-6613
　　　　　　［編集］03-5395-6604
振替　　00190-2-19640
印刷所　株式会社リーブルテック

表紙デザイン　blueJam inc.（茂木弘一郎）
本文デザイン　ベラビスタスタジオ

©SON Chonsu 2020
禁無断転載・複写　Printed in Japan
ISBN978-4-577-81487-1　NDC376　80P／26×18cm
乱丁・落丁本はお取替えいたします。
フレーベル館のホームページ　https://www.froebel-kan.co.jp/